寰宇智慧投資 196

高勝算操盤
學做操盤高手
High Probability Trading
（上）

Marcel Link 著

黃 嘉 斌 譯

寰宇出版股份有限公司

國家圖書館出版品預行編目資料

高勝算操盤學作操盤高手(上)／Marcel Link 著 ； 黃嘉斌
　　譯.-- 初版.-- 臺北市 ： 麥格羅希爾 ， 2004〔民 93〕
　　面 ； 公分 --(寰宇智慧投資：196-197)
　　譯自：High Probability Trading: Take the Steps to
Become a Successful Trader
　　ISBN 978-957-493-935-0（上冊：平裝）
　　ISBN 978-957-493-936-7（下冊：平裝）

　　1． 期貨交易　2. 證券

563. 5　　　　　　　　　　　　　　　　　　　93009884

寰宇智慧投資 196

高勝算操盤：學作操盤高手(上)

作　　者	Marcel Link	
翻　　譯	黃嘉斌	
主　　編	王孝平	
合作出版暨發行所	美商麥格羅希爾國際股份有限公司台灣分公司 台北市 10044 中正區博愛路 53 號 7 樓 TEL: (02) 2311-3000　　FAX: (02) 2388-8822 http://www.mcgraw-hill.com.tw 寰宇出版股份有限公司 台北市 106 大安區仁愛路四段 109 號 13 樓 TEL: (02) 2721-8138　　FAX: (02) 2711-3270 E-mail: service@ipci.com.tw http://www.ipci.com.tw	
總 代 理	寰宇出版股份有限公司	
劃撥帳號	第 1146743-9 號	
出版日期	西元　2004　年　7　月　初版一刷 西元　2014　年　10　月　初版十刷	
印　　刷	盈昌印刷有限公司	
定　　價	新台幣 320 元	

ISBN：978-957-493-935-0

網路書店：【博客來】www.books.com.tw
　　　　　　【PChome 24h】http://24h.pchome.com.tw/
※ 本書如有缺頁、破損、裝訂錯誤，請寄回本公司更換。

目 錄

前　言

金融交易很簡單；任何人只要有幾千塊錢，就可以開始了。可是，如果想要透過交易賺錢，又是另當別論。讓我們面對一項冷酷的事實：**在所有商品交易者或股票當日沖銷者之中，大約有90%處於虧損狀態。**反之，過去股票投資總被視為是一種安全的長期資金安排，但在作者編寫此書時，這種說法似乎也不成立了。所以，究竟是基於什麼緣故，絕大部分交易者總是發生虧損呢？這些輸家是否具備某種共通的特徵而導致他們持續發生虧損？當大家都賠錢時，為什麼特定少數人總是獲利？這些贏家具備哪些輸家所沒有的特質呢？經過學習或調整，輸家是否可以轉變成為贏家呢？輸家會做哪些贏家所避免做的事呢？更重要者，贏家們究竟做些什麼不同的事呢？

由於絕大多數交易者都賠錢──所以，必定存在某種導致交易賠錢的共通原因。本書準備詳細討論成功交易者究竟有什麼不同的行為，他們為什麼能夠非常穩定的賺錢，討論過程中也會回答前一段提出的種種問題。如果讀者想要學習交易賺錢的方法，就必須同時學習如何避免發生虧損。不瞭

解這點，就很難成為金融交易場內的真正贏家。我不會只是
點出交易者的缺失何在；也會協助讀者克服這些缺點，同時
說明成功交易者處在類似情況下的反應之道。**本書的宗旨，
是教導讀者如何培養成功交易者的心智架構。**

　　我們很難擬定一張清單，列舉交易成功的充分要素，但
仍然有一些必要條件：認真工作、經驗、資本與紀律規範。
雖然絕大部分人都賠錢，然而如果知道如何掌握勝算，我相
信一般交易者都可以是贏家。剛開始從事交易時，很多頂尖
玩家的表現也是慘不忍睹，但他們最後仍然能脫離出困境，
成功提升到另一境界。沒錯！剛開始，某些交易者可能手風
奇順，不過交易是一種必須經過多年磨練才能精通的技巧。
磨練過程中，交易者必須學習如何判斷勝算高低。篩除勝算
不高的機會；對於那些勝算很高的對象，應該集中火力，確
實掌握機會。

　　我看過與交易相關的書籍中，很多都把交易看成一項簡
單的活動，認為任何人只要閱讀這些書籍，就可以勝任愉
快。實際的情況並非如此。閱讀確實有幫助，但經驗是更好
的老師。根據我的看法，**提升交易技巧的最好方法之一，就
是改正過去的錯誤。** 書籍很容易告訴一位交易者如何正確進
行交易，教導他們如何挑選風險最低而勝算最高的機會。可
是，這些書籍卻不能告訴交易者如何讓$1,000的損失不至於
擴大影響。任何書籍都不能告訴你處理虧損的正確心態，也
不能有效教導你如何控制交易過程中可能發生的情緒。唯有
投入真正的鈔票，你才會感覺到痛苦，讓你出現一些不正常

的行為。模擬交易確實可以提供一些幫助，但唯有讓資金承擔真正風險，才能學習如何處理情緒與風險。模擬交易過程中，很多人的表現都一板一眼，非常傑出；可是，一旦投入真正資金，就再也看不見紀律規範，一切都走調了。

如果把交易視為一種學習程序，最初幾年必定會發生無數錯誤。這些錯誤很重要，因為唯有當你察覺錯誤之所以錯誤，才能專注改正錯誤，避免重複犯錯。如果能夠剔除不當的交易，績效顯然會變得更理想。我們必須判斷何謂「不當的交易」——**風險／報酬比率過高的交易，就是不當的交易**，而不論實際結果是賺或是賠。某些交易機會的風險太高不值得冒險。如果你希望成為一位績效非常穩定的交易者，就只能接受那些風險偏低（相對於潛在報酬而言）的機會。

閱讀本書的過程中，讀者可能會發現，作者經常重覆強調一些主要論點。這不是因為本書編輯希望擴充篇幅，而是因為某些論點必須經過不斷重複才能烙印在讀者心坎。**本書可以協助讀者判斷各種不同類型的交易機會，進而培養致勝的交易方法**。如果你現在正因為交易虧損而煩惱，本書可以幫助你釐清虧損發生的原因，協助你克服這些錯誤。本書可以幫助你判斷何時應該交易，何時不應該交易。本書也可以告訴你如何擬定交易與資金管理計畫；這些計畫非常重要，幾乎是交易成功的必要條件之一。交易計畫不需要巨細靡遺，但每位交易者都需要一套計畫。

本書討論的主題，**最初是針對商品交易者而設計**，但經

過擴充之後，**也同時適用於股票交易者**。所以，本書提到的市場，通常是泛指商品與股票而言。交易就是交易，不論對象是IBM、雅虎股票，或是豬腩、S&P 500指數期貨，基本上都相同。沒錯，交易對象不同，規則也難免有些差異，例如：保證金、信用擴張程度、電腦軟體、契約到期時間、漲跌停板等，但只要你擅長某種交易工具，就很容易觸類旁通。雖然本書主題有些偏向短線交易，但基本宗旨則在**幫助各種類型的交易者，包括：初學者與有經驗的玩家，也包括：當日沖銷者與長期投資人**。

何謂高勝算交易？

　　所謂高勝算交易，我定義為「風險／報酬比率」偏低的交易──（歷史）統計測試資料顯示，這些交易在既定的資金管理參數設定之下，能夠提供正數的期望報酬。真正的頂尖玩家之所以進行交易，是因為他們掌握很好的勝算，而不只是因為單純的交易衝動。他們進行交易只有一個目的：賺錢，而不是滿足賭性。一般來說，高勝算交易機會的多空導向，應該順著市場的主要趨勢方向。如果市場處於漲勢，交易者應該等待行情拉回、並成功測試下檔支撐之後進場作多。在上升趨勢的拉回走勢中，放空也可以獲利，但屬於勝算較低的機會，應該儘量避免。高勝算玩家知道何時應該認賠，也知道何時應該繼續持有獲利部位。交易者不應該太急著獲利了結；如果每筆失敗交易的損失都累積到$500以上才出場，而每筆成功交易都在獲利$100就急著出場，恐怕不是合理的做法。除了讓成功交易繼續獲利之外，知道何時應該

獲利了結也很重要。很多笨拙的玩家經常轉勝為敗，因為他們不知道何時應該獲利了結，或根本沒有設定出場的法則。請注意：**「出場」的重要性往往勝過「進場」，因為「出場」才是決定輸贏的關鍵**。如果交易者以「射飛鏢」的隨機方式建立部位，但只要採用適當的出場法則，或許還是可以成為贏家。

　　雖然順著趨勢方向進行交易的勝算較高，但嘗試猜測行情頭部或底部的交易績效往往也很不錯，前提是交易者必須精通價格型態判斷，而且知道何時應該認賠出場。如果你打算猜測既有趨勢何時將結束，判斷錯誤的情況總是居多，所以你必須斷然承認自己的判斷錯誤。如果能夠成功的判斷行情頭部或底部，通常獲利很可觀；因此，這類交易的綜合績效也可能很不錯。總之，交易風格究竟如何，並不是十分重要：只要具備嚴格的紀律規範，擬定明確的交易策略與資金管理計畫，就能夠賺錢。

　　想成為高勝算的玩家，就必須有一套交易計畫。這套計畫包括交易策略，更重要的，必須知道如何管理風險。本書會協助交易者瞭解如何擬定適當的交易計畫，熟悉所需要具備的技巧與工具。由於每個人的交易風格多少都有些差異，所以不可能有一套適用於每個人的完美交易計畫。每個人都應該根據自己的個性與習慣，擬定一套最恰當的計畫。計畫擬定之後，最困難的部分就算完成了；可是，很多交易者卻懶得花時間擬定計畫，就直接進行交易。

成功玩家的特質

原則上，能夠賺錢的交易者不只是在市場開盤期間認真工作，事前與事後的工作也同樣重要。實際進行交易之前，他們已經知道自己準備針對哪些市況進行交易，而且清楚每種市況之下的因應策略。他們耐心等待預期中的市況出現，然後立即進場，一旦察覺自己的判斷錯誤，就斷然認賠出場。他們挑選一些趨勢明確的市場或個股，耐心等待折返走勢提供的進場機會。他們不會認為自己的判斷比市場高明；他們只是被動接受市場提供的機會。他們能夠完全控制自己的情緒，永遠都聚精會神，不會同時進行太多不同的交易，**交易不應該過度頻繁**。

成功交易者具備下列特質：
* 資本結構恰當。
* 把交易當做事業經營。
* 對於風險的容忍程度很低。
* 只針對市場提供的機會進行交易。
* 能夠控制情緒。
* 有明確的交易計畫。
* 有明確的風險管理計畫。
* 嚴格遵守紀律規範。
* 能夠聚精會神。
* 所採用的交易方法，經過歷史資料的測試。

失敗交易者可能具備下列某種特質：

* 資本不足。

* 缺乏紀律規範。

* 交易過度頻繁。

* 不瞭解行情。

* 交易草率莽撞。

* 追逐行情（追價）。

* 擔心錯失機會。

* 頑固；對於自己的部位或想法，態度過份堅持。

* 故意誤解新聞。

* 不斷尋求「全壘打」。

* 聽任失敗部位的虧損累積得太嚴重。

* 成功部位過早了結。

* 交易態度不夠嚴肅。

* 過度冒險。

* 不能控制情緒。

關於本書

　　本書將闡述一些我本身的慘痛經歷，還有一些發生在其他交易者身上的案例。這些交易者當中，有些是剛開始，際遇頗為坎坷，而最後能夠突破困境，另一些人則永遠都無法由錯誤中學習。我利用這些案例做為佐證，希望突顯我的論點，讓讀者更容易判斷哪些事該做，哪些事不該。當然，我不會提到這些交易者的真實身分。我從來不諱言自己過去曾經是很糟的交易者，我打算詳細說明這些造成交易虧損的不

好習慣。當時我往往都能夠預先判斷行情的發展方向；可是由於種種因素的干擾，交易就是無法成功。然而當我逐漸克服種種缺失，慢慢學習如何掌握勝算之後，情況就全然改觀了。大體上來說，整個轉變來自於觀察其他成功與失敗交易者的行為，然後想辦法改正自己與其他失敗交易者之間的共通行為。除此之外，我也分析自己的失敗交易，嘗試由錯誤經驗中學習。就如同小孩子一樣，唯有被灼傷之後，才知道什麼叫「燙」；虧損的痛苦，是最有效的導師。有個經驗對我的影響很大；某段期間，我隔壁坐著一位很差勁的交易者，他不斷觸犯相同的錯誤。我發現，我們兩個人有一些共通之處。於是我決定自己必須做些改變。看著他進行交易，也讓我清楚看見自己的錯誤。

本書準備討論我個人認為成功交易者最重要的各種素質與相關問題，由建構積木開始，最後討論紀律規範與情緒因素，其餘還包括基本分析與技術分析，交易計畫與風險管理計畫的擬定與運用，交易系統的設計與測試。本書將協助讀者掌握勝算，學習如何避免已知的缺失。本書每章最後都有一節「成為最佳交易者」，做為該章內容的總結摘要，並列舉一些什麼該做、什麼不該做的行為，以及一些交易者應該隨時提醒自己的問題。應該有助於讀者辨識交易相關的長處與短處，踏上贏家的道路。

關於作者

我曾經是一個典型的例子，充分說明一位交易者不應該

有哪些行為。如果有什麼好方法可以透過交易賠錢，我就曾
經是活生生的例子。自從1990年開始從事交易以來，連續七
年都賠錢，1998年之後才出現關鍵性的轉變。對於我希望達
成的目標，我有充分的決心與意志，而且願意辛勤工作。在
這十四年的交易生涯裡，我曾經擔任經紀公司的辦事員、場
內交易員、零售經紀人與交易者；整個過程中，我看過或觸
犯一位交易者可能出現的每種錯誤。這些年來，我隨時都接
觸一些成功與不成功的專業交易者，所以非常清楚這些交易
者的各種不同素質。我發現，即使這些交易者都建立完全相
同的部位，某些人就是會賺錢，另一些人就是會賠錢。在我
擔任經紀人期間，持續觀察客戶的各種表現，慢慢發現一般
交易者之所以持續發生虧損的行為與原因。更重要的，這段
歷練讓我看到自己與失敗交易者之間存在某些共通特徵。於
是，我歸納出一個結論：如果我想成功，就必須徹底改變自
己的交易風格。舉例來說，我相信交易過度頻繁就是自己最
大的毛病之一，因為我發現其他過度頻繁的交易者都免不了
失敗的結局，而那些謹慎篩選機會的交易者，總是成功。本
書將詳細說明我個人採取哪些步驟而讓自己慢慢提升，只要
讀者具備充分的動機，絕對也可以踏著我的步伐轉敗為勝。
改變壞習慣並不容易，但如果你希望成為最佳交易者，就必
須這麼做。

個人履歷

　　1987年，我曾經擔任股票經紀人，但時間很短，不久就

到紐約商業交易所（New York Mercantile Exchange）擔任原油選擇權的辦事員。幾年之後，我籌措了3萬美元，取得紐約金融交易所（NYFE）的席位，開始從事美元指數期貨的交易。由於資本不足，幾個月之後，就因為一個致命錯誤而虧損半數資本。這個事件對我的傷害頗大，沒有足夠的資金繼續在場內進行交易，只得參加其他交易員組成的合夥機構。我們利用某個經紀公司的場地進行交易，有幾位同事曾經是場內交易員，經驗相當老道。我也是在這個時候才學會如何判讀價格走勢圖，而且也開始編寫交易系統。

1995年到1997年之間，我曾經抽空到大學研究所進修。完成碩士學位之後，我決定成立一家折扣經紀公司「林克期貨」（Link Futures）。當時，網路交易才剛起步，提供這方面服務的期貨公司並不多。連結期貨的佣金費率很低，還有一間盤房供交易者使用。不幸的，隨著網路交易日益普遍，大型經紀商開始吞噬這塊大餅，展開促銷的價格戰；於是，資本不足又對我構成傷害：沒有充裕的廣告經費吸引客戶。不過，這段經歷對我也有好處，讓我有機會觀察客戶如何犯錯，我自己的交易技巧也因此有不少進步。

2000年3月，有一個機會讓我從事股票交易，很快我就決定接受這份工作。可是，我是一個具有野心的人，顯然不願始終任職於經紀公司，所以成立了個人工作室。很少人敢說他熱愛自己的工作，但我就是如此。

最後一項註明：當本書提到交易者時，都採用男性代名

詞，這完全沒有性別歧視的意思，只是爲了方便而已。雖然交易從業人員是以男性爲主，但也有不少優秀的女性交易員。當我成立林克期貨公司時，合夥人就是一位女性，她是最佳的交易者。

　　祝各位讀者能由本書中體會交易的樂趣。

第 I 篇
建 構 積 木

第 1 章

學　費

當人們閱讀《如何利用一般工具進行血管外科手術》的書籍時，我想很少人期待能夠在自家車庫成立一家診所，賺點業餘的收入貼補家用。可是，一些沒有經驗的人只不過閱讀一、兩本交易書籍，就期待能夠在金融市場大展身手。

醫生、律師與工程師都必須接受多年的學校教育，然後才能倚靠專業知識謀取生計。棒球選手必須在小聯盟待上一陣子，才有機會升上大聯盟。足球與籃球選手通常都必須經歷四年的大學比賽，唯有表現最出色的大學選手，才有機會成為職業選手。水電工與焊接匠也必須從學徒做起。這些人並不是在決定進入某個專業領域的當天，就可以立即成功；他們都是循著一定的步驟或程序朝目標發展。

所以，金融交易的情況難道會有所不同嗎？他們畢竟只不過是一些新手，嘗試踏入一個最困難的行業──至少我認為如此──卻期待能夠立即成功。就如同外科醫生一樣，金融交易者也要投資不少時間，然後才能期待成功。事實上，

任何專門行業都一樣，金融交易也需要適當的教育。不幸的，哈佛大學沒有提供金融交易學位。交易者的專業知識通常來自於「親身體驗」，所發生的虧損不妨視爲學費。唯有透過這些虧損，他們才能汲取成功交易者所需要的經驗。

學習期間

　　剛開始進行交易的最初幾年，應該視爲「學習期間」。這段期間內，不要期待重大獲利；反之，交易者應該集中精神於資本保障，訓練自己。換言之，初學的交易者應該把自己看成是學校的學生。剛開始交易時，因爲茫然無知，很可能觸犯無數錯誤。發生些許虧損是正常的，初學者應該有心理準備接受這點。**你的資本不應該看成「交易資本」，而應該是「學習資本」**。剛開始，應該只讓少數資金承擔風險，只要足以讓你透過實際交易經驗而學習就夠了。很多初學者從一開始就大張旗鼓，打算大撈一票，完全沒有把自己訓練爲最佳交易者的準備。請記住，很多成功交易者都曾經破產，最起碼也曾經發生重大虧損。即使是在理查·丹尼斯（Richard Dinnis）調教之下的「忍者龜」，最初也難免虧損，然後才有一部分人成爲最頂尖的玩家。如果各位曾經閱讀《金融怪傑》（*Market Wizards*）一書，應該還記得其中的每位主角幾乎都曾經破產一、兩次。不論是股票投資或債券當日沖銷，都需要花費很多時間認眞學習、汲取經驗，然後才能慢慢體會其中的門道。雖然大部分的初學者都無法渡過這段艱困的學習期間，但那些秉持著接受訓練而不覺得氣餒的

人，成功的機會仍然很大。

交易者應該學習的東西：
* 填寫交易指令。
* 閱讀價格走勢圖。
* 技術分析。
* 瞭解各種不同市場的交易規則。
* 如何因應新聞。
* 擬定交易系統。
* 測試交易系統。
* 培養嚴格的紀律規範。
* 擬定資金管理計畫。
* 管理風險。
* 學習如何認賠。
* 學習何時應該交易，何時不該交易。
* 擬定交易計畫
* 控制情緒

更重要的，交易者必須克制一些不該有的行為，例如：
* 追逐行情（追價）
* 資本不足而勉強交易
* 交易過度頻繁
* 讓虧損持續累積成為一場災難
* 對於部位產生非理性的堅持
* 過早獲利了結
* 接受過高的風險

＊爲了追求刺激而進行交易

＊態度頑固

金融交易是一種持續學習的程序，不是閱讀一本書或參加一場講習會，就能精通的玩意兒。任何人都可以閱讀五本有關網球的書籍，上幾堂課，但如果你想成爲眞正的網球選手，就必須實際下場練習，而且是不斷練習。金融交易的情況也是如此，唯有不斷練習，才能慢慢摸索出其中的門道。網球與金融交易之間或許還是有些差異，如果網球打不好的話，起碼還能達到運動的目的，減掉幾公斤贅肉，保持身材苗條。當然，交易虧損也可以讓你減掉幾公斤贅肉，不過是因爲沒錢吃飯。

紙上模擬確實有幫助，但畢竟不能反映實際情況

不論你從書上讀到什麼，也不論你花多少時間進行模擬交易，只要眞的進場，一切就不再相同。一些從來沒有想過的錯誤開始到處浮現；避免犯錯的最好辦法，就是實際犯錯，實際虧損才能讓你體會錯誤的意義，唯有認眞避免，才不至於在類似情況下觸犯相同錯誤。實際虧損可以讓你感受到模擬交易難以體會的痛苦。最後，當痛苦嚴重到難以忍受的地步，你就不會再觸犯相同錯誤。紙上模擬交易是必要的學習程序，初學者應該進行合理程度的模擬交易，才可以實際進場；雖說如此，但模擬交易畢竟不能反映實際情況。模

擬交易中，你很快就忘掉$1,000的虧損；可是，$1,000的實
際虧損往往會讓你心頭瀝血，如果發生在星期五，整個週末
可能就泡湯了。這類的情緒糾葛通常不會發生在模擬交易，
換言之，模擬交易的錯誤不會引起必要的痛苦。模擬交易過
程中，你不會接到保證金追繳通知，部位的撮合價格都是當
時的最佳價格。然而，當你實際進場時，整個情況都不同
了。模擬交易不會發生的很多事，現在都發生了：風險容忍
程度降低、獲利部位過早了結、聽任虧損持續累積、滑移價
差與佣金費用成為實際的負擔等。很多事不是紙上作業所能
模擬；不過話說回來，實際經驗雖然重要，但真正進場之
前，仍然應該有充分的模擬交易訓練。另外，我也建議各位
儘可能廣泛閱讀。永遠都還有繼續提升的空間，踏進金融交
易圈子雖然已經十五年了，但我仍然不斷學習。

交易學費

學習成本

　　就我讀到、聽到或看到的情況判斷，交易者大概需要三
年或五年的時間才能通過學習期間。在這段學習與磨練技巧
的期間內，交易者必須支付學費，就如同律師、廚師或醫師
每年支付$25,000的學費一樣。由於金融交易沒有制式的學
校，所以學費就付給那些較有經驗的交易者，後者則負責教
育或提供「教訓」。經過適當的學習程序之後，「菜鳥」將
升格為「老鳥」，然後開始回收過去支付的學費。整體來
說，初學者最起碼要有支付$5萬學費的心理準備。透過每筆

不當的交易，初學者都可以汲取一些知識，並期待自己不再
觸犯相同錯誤。金融交易無疑是最難以成功的行業之一，必
須累積很多臨場經驗才能精通相關門道。**經驗是最好的老
師**，所以不要因為虧損而沮喪，不妨把虧損視為你必須繳納
的學費。

起始資本

　　除非你像希拉蕊・柯林頓一樣「幸運」，才能在活牛期
貨交易中，一年創造百倍的利潤，把$1,000變成$10萬。否
則，起始資本恐怕要多籌措一點。根據我個人的務實看法，
如果你想要有合理程度的成功機會，三年學習期間最起碼要
準備$25,000到$5萬之譜的資本，而且還要有一位體貼的妻子
（丈夫）。很多人認為$5,000就很充裕了，大可開始進行交
易，因為這些錢已經夠付保證金或股票自備款。他們根本不
考慮虧損的可能性；反之，他們相信自己從一開始就會很順
利、大賺錢，但實際情況很少如此發展。絕大部分初學者在
第一年都發生虧損；剛開始從事交易的人當中，大約有80%
到90%的人，第一年的交易結果都是虧損。起始資本愈充
裕，安全渡過第一年的機會也愈高。如果你打算踏入金融交
易的行業，但只有幾千塊錢可供運用，我勸你還是把這些錢
存到銀行，或者投資共同基金。對於這麼窘迫的資本，你實
在沒有多少犯錯的本錢，幾次錯誤就會把你的資本侵蝕掉
了。

小帳戶VS.大帳戶

就林克期貨公司的數據觀察，一般散戶的開戶資本

大約介於 $3,000到$5,000之間。非常奇怪的，這些小帳戶反而比較願意冒險，但存活期間只有短短幾個月。至於開戶資本超過$25,000的帳戶，態度比較保守，存活的時間也顯著較長，並不是因為這些人的交易技巧較高明，而是因為他們有更大的犯錯空間。

操作資本

金融交易所需要的資本數量，往往超過一般人想像的程度。除了安然渡過學習階段之外，還要確定你始終都有足夠的資金可供交易。最令人沮喪的，莫過於某個大行情發生時，卻沒有足夠資本進場，你所能做的只是———乾瞪眼。我就曾經多次碰到這種情況。久待的大漲勢終於出現了，但我沒有錢，因為少許的資本已經蝕光了。非常奇怪的，最好的賺錢機會，似乎都發生在我被迫留在場外的時候。我記得曾經多次在場外咬牙切齒，面對著自己等待已久的大行情，卻因為缺少操作資本而徒然嘆息。現在，我已經不再受制於資金，沒有必要再擔心這個問題：我非常確定一點，下一個大行情出現時，我必定會在場內。這並不代表我可以鬆懈；真正的賺錢機會出現之前，我當然不希望有太多的虧空需要彌補。可是，我至少不需擔心自己兩手空空而急著到處籌錢；現在，我可以專注於交易。

你不能抱持著「輸不得」的心理從事交易。你必須要有心理準備，最初幾年內，交易恐怕無法提供生活所需的費用。你所籌措的交易資本，必須因應幾年的時間，不只是應付最初幾筆交易而已。準備$25,000到$5萬的起始資本，而且

操作態度保守，或許就有成功機會，雖然不會馬上成功，但很可能讓你維持至「時候已到」。初學者不要因為虧損而覺得沮喪；不妨把虧損視為繳納學費，讓每一塊錢「學費」都發揮應有效益。就我個人來說，雖然也有交易特別順手的時間，但最初七年總共大約虧損了$75,000，然後才慢慢進入情況──我可能是比較遲鈍的學生。

享受人生樂趣

除了交易資本以外，你還必須有足夠的鈔票支付日常費用，享受人生樂趣。所以，「資金充裕」是非常重要的條件，如此才不會在交易時產生雜念，例如：我如何找錢支付房租、吃飯、看電影。只要開始擔心這類事情，交易績效馬上就會受到影響。提撥一些交易獲利因應生活所需，這恐怕是最糟的想法。交易帳戶需要每一塊錢。只要你開始由交易帳戶撥錢支付水電費，結果就如同交易發生虧損一樣。我認識不少人，他們嘗試做「專職」的交易者，結果只好被迫搬回家裡與父母同住，或由妻子（丈夫）擔起養家活口的責任。相較於那些資本充裕的交易者，這些人活得很辛苦。

你必須有能力享受人生樂趣；如果交易必須挪用渡假或買車的資金，就代表交易資本不足。金錢壓力會顯著影響交易態度；所以，你的財務狀況將反映在交易績效上。當我剛開始在場內從事交易時，我是借錢購買會員席位。因此，從一開始就「必須」賺錢還債。換言之，我幾乎是立於必敗之地；我必須日夜工作，包括週末在內，這樣才能勉強活口，根本不能專注於交易。週末無法與朋友一起外出，因為我必

須工作。這種感覺令人沮喪，交易績效當然也會顯現出來。

工　具

除了必須準備充裕的學習、交易與生活資金之外，還有一點必須注意：「工欲善其事，必先利其器。」就如同任何其他專業領域一樣，金融交易者也需要一套完整的工具，包括：走勢圖、報價、交易軟體、即時新聞與一部好電腦。這些設備的成本或許不便宜，但對於勝任的交易者來說，絕對是值得的。你必須先籌錢購買這些工具，以備不時之需。當我剛開始透過自己帳戶進行交易時（不在場內），並未投資這些應該擁有的東西。其後，當我決定每個月花費$1,000打理這套工具，交易績效明顯進步。第3章〈整平競技場〉會進一步討論對於某些交易者特別有用的某些工具。

由錯誤中學習

每位交易者都免不了因為犯錯而發生虧損。贏家與輸家的真正分野，在於處理錯誤的態度。贏家會察覺自己的錯誤，汲取其中的教訓；輸家則會不斷重複相同錯誤。假設你經常追價買進那些在10分鐘內大漲$2的股票，結果總是發生虧損；如果夠精明，最終你將發現這並不是勝算很高的策略。持續追價就像不斷用自己的頭撞牆一樣。他們之所以這麼做，是因為不知道如何打開一條通路。對於他們來說，勝算不高並不重要，當這類行情發生時，他們認為是不錯的機會，所以不希望錯過。每當你覺得犯錯時，應該停下來想一想；問自己究竟做錯了什麼，將來如何避免重複發生，當初

爲什麼決定這麼做，現在覺得應該怎麼做。處理得宜時，也該做類似檢討。些許的心智磨練，將讓你受益不盡。

　　誤判行情方向，未必就是錯誤；交易者大約有半數時間會誤判行情。縱使結果都是虧損，仍然有正確與錯誤的區別，關鍵在於處理虧損部位的態度。一旦察覺自己誤判行情，立即認賠出場，這就是明智的決策；反之，如果抱著僥倖心理，希望行情突然發生變化而讓你脫身，這就是錯誤。即使結果是獲利，也可能發生錯誤。不論賺錢與否，追價就是一種錯誤的行爲。

　　犯錯，然後從錯誤中汲取教訓，就是金融交易與學習程序的一部分。也是爲什麼資本充裕的交易者，能擁有較大存活機率的原因；他們有犯錯與學習的本錢。如果資本太少，在體會市場試圖傳達的教訓之前，交易者可能就破產了。

慘痛的教訓

　　第一次重大挫敗讓我損失$12,000，大約佔一半資本。這是發生在某個與選擇權有關的部位。當時我犯了現在不可能再犯的錯誤——貪婪、急躁、進出太頻繁、資本不足、缺乏風險管理。現在回頭看，很容易看清楚這些錯誤；可是當時卻不認爲自己有犯錯的可能。即使你閱讀了二十本與交易相關的書，恐怕也不能體會這類情況的處理經驗。雖然沒有好的開始，但我把所有的失敗經驗與損失都視爲學習過程之一，希望所犯的每項錯誤與每塊錢虧損，都能讓交易技巧有所提升。

不要強化錯誤的行為

除了由錯誤中汲取教訓之外，交易者也需要瞭解自己做對了什麼，然後想辦法繼續做。不幸的，即使犯了嚴重錯誤，實際的行情發展還是可能讓我們安然脫身。舉例來說，對於某個虧損部位，交易者遲遲不願認賠，期待行情反轉而讓部位解套；結果，他也確實如願以償的解套了。這類的經驗，很可能讓交易者將來付出慘重代價，他往後可能都不願意認賠。假設所持有的股票部位曾經出現$3的虧損，最後卻趁著行情反轉而賺取5分錢的利潤──這顯然不是好現象。風險與報酬之間顯然不平衡，不是嗎？沒錯，這筆交易最後仍然獲利，幾分錢的利潤畢竟勝過幾塊錢的虧損；可是，這是一筆錯誤的交易，這類經驗很可能強化錯誤行為。出現$0.80的虧損，部位就該認賠了，根本不該聽任虧損累積到$3；更糟的，交易者不應該因為行為錯誤而獲得報償。對於這類錯誤決策，最好的結果是虧損$10──這樣造成的痛苦程度，或許足以讓交易者不至於重踏覆轍。

我每天都會檢討自己的交易。對於任何不當的交易，都會把相關內容記錄在「不可重複發生」的資料夾內。負面行為如果沒有得到負面結果，不只不能提供正確的教訓，還可能強化為錯誤的教訓。相形之下，我寧可正確的交易發生虧損，也不願意莽撞的交易出現獲利。及時認賠一筆錯誤的交易，然後看著行情繼續惡化，這種感覺很好。我認為這屬於正確的交易；虧損是金融交易不可避免的一部分，適當認賠才能突顯交易好手的過人之處。

賺錢的詛咒

　　頂尖好手的起步大多很坎坷，成功之前可能經歷多年虧損。任何新手如果期待由從一天就開始賺錢，恐怕會對實際情況覺得意外。從一開始就賺錢，事實上很可能是禍不是福。真是如此，主要可能歸因於運氣，但這些對於市場全然無知的新手，卻以為自己是天生好手。結果，操作態度過份積極；一旦手風逆轉，他因為錯誤所付出的代價可能是一般人的數倍。不妨看看1999年與2000年初的股票大多頭行情，幾乎每個人都賺錢。這些人根本不是交易者；幾乎每種股票都上漲，他們只是剛好買進股票而已。事實上，不論他們買進什麼，結果都沒有差別：股價就是上漲，即使他們追價買進股價已經上漲$10或$20的股票，通常也沒有關係，因為股價仍然繼續上漲。這些人可能誤以為自己是頂尖玩家；可是，當市場的泡沫破裂之後，他們的操作績效就不太理想了，甚至很多人破產。

　　賺錢太快也對我造成傷害。當我剛踏入紐約金融交易所，目標最初設定為每天賺$200，但第二個星期我就曾有每天賺進$1,000的紀錄。在這個經驗之後，$200看起來太微不足道了。事實上，這只不過是幸運罷了。可是，這也是我碰到的最糟情況之一，因為從此之後，我試圖每天都賺進$1,000。結果如何呢？交易頻率大增，同時操作過多數量的契約；不幸的，當我開始犯錯時，這些錯誤造成的傷害就超過應有的程度。過度交易變成習慣；身為初學者，不論交易資本多充裕，我原本應該每次只持有單口契約，儘可能在學

習過程中保障資本。可是，「賺錢」卻成爲我當時最關心的課題。

保障珍貴的資本

當我急著想從交易中獲利時，曾有同事一再提醒我：「保障珍貴的資本」。他用醒目的字體在座位上寫著這幾個字，不時提醒自己保障珍貴的資本。他說：

> 「不要考慮賺錢的問題，只要儘可能嘗試不要賠錢就可以了。每塊錢對你來說都很重要，務必想辦法把它們留在口袋裡，或從別人口袋裡掏過來。」

只要繼續從事合理的交易，保障資本，你就能活得比別人久一點，那就有較大的獲勝機會。致勝的關鍵，在於輸的時候不要輸太多。如果虧損部位能夠及時認賠，獲利就會自然累積。這讓我記起大學網球教練的指導：只要能夠回擊過網4次，就有80%的機會贏得該點。他說：

> 「不要擔心勝點的問題。讓對手輸掉該點，你只要不斷把球回擊過網，對手就會幫你贏得點數。把注意力由『獲勝』轉移到『不要輸』，就比較容易獲勝；你的對手會幫助你達到這點。不要想每球都擊垮對方，否則，經常會擊出界外球。只要把球回擊到對手比較不容易處理的位置，你就不會吃虧。」

支付$20現鈔

　　當我剛開始從事場內交易時，某位有經驗的交易員告訴我，不妨設想自己拿著一疊$20的現鈔，每當發生虧損時，就必須立即付現買單。不要把虧損想成帳面損失，如果價格每跳動一檔，你就必須立即支付鈔票，或許就有助於迅速認賠。很少人會把交易虧損視為支付現金。如果一個鐘頭內必須支付$500現鈔，或許就比較願意結束不當部位。間接由交易帳戶內扣除虧損，比較不容易感受痛苦。

玩小一點

　　最初一、兩年的課題是學習，不是賺大錢，務必弄清楚這點。交易量不可太大，儘量壓低所承擔的風險。如果交易對象是股票，每次數量最好是100股；至於商品期貨，不論你的資本多麼雄厚，每次只進出單口契約，而且儘可能挑選價格波動較小的市場。儘量保持單純，每段期間只考慮幾個市場，不要貪多。花點時間熟悉每個市場的特色，然後才可以慢慢涉及更多市場。千萬不要被引誘而想進行更大或更多的交易，尤其是在手風很順時。對於大多數交易者而言，恐怕都很難辦到這點，因為情緒會接管一切。如果腦海裡想的是每年數十萬元的收入，可能就看不上每筆交易賺取的$150。他們的眼光太高而無法學習最基本的東西。千萬要記住，最初一、兩年內，你必定會持續犯錯，所以不要玩得太大。如果你準備踏進這個圈子，那是一輩子的事，不只是一、兩年而已。三十年後，假定你還在這裡，那何必在意第

一年的獲利很少呢？可是，如果你急著想成功，恐怕沒有辦
法在這裡待上一、兩年。

破　產

我曉得大家都不想聽，但即使是頂尖好手，絕大部分也
難免有破產的經驗。我總認為：「沒錯，但我是例外。」可
是，事實又如何？我已經忘掉自己曾經破產幾次。在我認識
的人當中，我曾經看過$5,000、$25,000、$10萬、$100萬的
交易帳戶被勾銷；任何人都不能完全免疫。我曾經數度破
產，被迫暫時停止交易。如果你看過《金融怪傑》，就知道
每位交易者幾乎都難免破產；這可能是金融交易的特色之
一，屬於交易程序的一部分。

如果你真的想成為專業交易者，破產往往是一種珍貴的
學習經驗。這是重新調整的最好時機，看看自己究竟為什麼
失敗。答案幾乎一定是過度交易或資本不足，但交易者必須
自行發現箇中道理。其他造成虧損的錯誤都相對容易克服，
但只要人們開始過度交易或承擔太多風險，不久就會破產。
讓我特別提出一個警告，這種錯誤最容易發生在手風最順
時。準備充裕資本的理由之一，是讓你有機會安然渡過連續
虧損期間。如果準備充裕的資金，而且小心行事，你的帳戶
不一定會破產。話說回來，假設你已經破產或曾經破產，也
不要覺得沮喪，大可坦然接受。如果你瞭解自己為什麼破
產，而且相信自己能夠改正，不妨重新來過。反之，如果你
弄不清楚狀況，最好在重新嘗試之前，先弄清楚答案。

決心投入

如果你決心成為一位專業交易者，應該不會因為破產而放棄。如果你已經下定決心，即使不幸破產，應該也會想辦法捲土重來。那些安然渡過最初幾年的交易者，成功機會應該很大，因為他們已經下定決心而不願放棄。很多人之所以最後成為輸家，主要是因為在最初遭遇挫折之後就放棄了；贏家要有必勝的決心，而且準備長期抗戰。不只是認真工作而已；贏家必須有成長的慾望，願意自我提升。決心並不只用在保障資本而已；你還必須正視自己的錯誤，而且願意改正。決心投入是一輩子的程序。只要繼續從事交易，就必須繼續向上提升，評估自己的錯誤。也代表你必須繼續閱讀，參加講習會，讓自己成為頂尖好手。相信自己是最頂尖的好手，這點很重要；如果有任何疑惑，就不可能成功，因為你會根據自己的期望而發展。

交易日誌

如果你決心成為最頂尖的交易者，就必須追蹤自己的進度。關於這點，記錄交易日誌是最好的辦法之一。交易日誌可以協助評估操作績效，突顯交易過程的特殊型態，藉以反映合理與不合理的行為。經過一段時間的分析之後，你可以看出哪些東西有用，哪些沒用，也能觀察自己比較擅長哪種市場。總之，交易日誌可以提供非常珍貴的資訊。交易日誌只是記錄交易相關事項的筆記而已，把你所進行的交易都記

錄下來，包括動機與最後的結果在內。內容不需太詳細，但每位交易者都應該記錄，即使是經驗老道的玩家也是如此。人們的記憶經常會有選擇性，記憶實際狀況的最好辦法，就是把它們都記錄下來。由於每筆交易都必須記錄，確實有些煩人，但對你絕對有幫助，尤其是那些交易過度頻繁的人，因為你必須記錄自己的每筆交易，就比較沒有時間進行交易。另外，這也**有助於培養每位成功交易者都必須具備的條件：紀律規範。**

機構法人有所謂組長、經理的編製，也有交易軟體；所以，每筆交易都會受到監督。機構交易者的一舉一動都會受到評估，所以能夠隨時改正錯誤。舉例來說，每個星期我都會收到一份列印報表，顯示我當週的操作情況。這份報表的數據是每半小時統計一次，顯示的內容很多，包括：獲利與虧損部位的持有時間、交易勝率、每筆交易的平均盈虧，以及個別股票的操作情況。我發現，每天開盤最初半小時的表現最差，所以應該大量減少這段期間內的操作量。另外，虧損部位的持有時間太長，某些個股的操作不能賺錢，交易頻率過高，這些都是我必須特別留意的問題。為了縮短虧損部位的持有時間，我開始在試算表上登記部位進場時間，如果45分鐘之後該部位仍然沒有結束，而且繼續處於虧損狀態，就強迫自己立即出場。至於長處，我發現下午時段的操作績效最理想，特別偏好走勢沉悶的傳統股票，例如：吉列、可口可樂、高露潔等。這些股票的交易勝率明顯較高，即使發生虧損，程度也較輕微。如果沒有這些資訊，很難察覺自己的長處，很可能會繼續交易一些自己較不擅長的個股。

　　對於那些無法透過經理或電腦程式進行監督的交易者，交易日誌是最好的方法。你可以由其中查詢各種資訊，分析自己的交易型態，嘗試分辨長處與短處。你也可以因此找到自己最擅長操作的市場或個股。你或許永遠不能在星期五賺錢，也可能最不擅長操作消息面的股票。如果你瞭解這一切，就可以慢慢踢除一些「麻煩貨」，只操作勝算最高的市場或個股。

交易日誌的記錄項目

買賣對象

　　這部分很單純：只要記錄你所買進或賣出的股票或商品。我利用「+」或「(」號來分別標示買進或放空。我希望知道自己比較擅長於作多或放空，以及哪個方向的交易頻率較高。某些人會偏好單邊市場，另一些人的交易可能有90%屬於作多，甚至在下降趨勢也是如此。瞭解這方面的個人偏好，應該有助於交易。

進行交易的時間

　　某些人在每天的特定時段內，操作績效特別理想。某些人的操作在午餐時段特別糟；另一些人特別喜歡早上，但最後一小時的情況就很糟。這都是交易日誌能夠透露的東西。就我個人來說，下午優於早上；收盤前半小時的情況，優於開盤後半小時；表現最佳的時段介於11點到2點之間，因為我對於這個時段內的趨勢與反轉特別敏感。瞭解這些特點之

後，我知道何時應該加碼、何時應該稍微縮手。翻閱交易日誌，可以協助你判斷自己最適合交易的時段，讓你運用這方面的優勢。

交易動機

交易動機可能是交易日誌記載的最重要內容之一。對於所進行的每筆交易，如果都能把進場理由清楚寫下來，一段時間之後，交易技巧必定會顯著提升。「覺得無聊」或「我之所以買進IBM是因為它在20分鐘內飆漲$3，我不想錯過剩餘的漲勢」，這都不是合理的交易動機。如果某人把這些理由記載在日誌上，而且覺得很滿意，恐怕還有一段很長的路要走。很多交易背後並沒有明顯動機；如果你必須解釋每筆交易的進場理由，應該可以避免一些無謂的交易。如果進場理由是：「我買進IBM，是因為道瓊指數的表現很強勁，雖然指數目前稍微拉回，但走勢仍然很穩定；另外，IBM由高點回檔75美分，目前落在上升趨勢線的支撐位置，應該會恢復漲勢，」這是有效的進場理由。進行這方面的分析，應該可以讓你剔除一些勝率較低的機會，提高交易決策的素質。我也會特別註明自己究竟是追價，或是等待拉回。閱讀本書之後，各位就應該可以區別何謂合理與不合理的交易。

特定交易的感覺強烈程度

利用某種計分系統標示你所進行的交易，然後分析其結果。每天晚上，我都會就隔天準備進行交易的十個市場規劃交易情節，並且根據情節發展適合交易的程度，分別標示1到5顆星，5顆星代表最佳機會。經過一陣子之後，我發現5

顆星的交易結果都很不錯，1顆星的交易就不怎麼樣了。雖然5顆星的數量與不如1、2顆星，但只要我耐心等待，績效原本可以更好。透過這類分析，可以瞭解自己最適合於哪類情節的交易機會；專門挑選自己最擅長的交易機會，顯然可以提高勝算。

獲利目標

設定獲利目標，可以避免錯失應有的利潤。實際進場建立部位之前，對於可能的獲利程度應該有所瞭解。一旦進場之後，設定獲利目標有助於管理部位。當價格到達預定目標，就應該獲利了結，或至少要減碼。不要因為行情看起來不錯，就懷疑先前的決策。行情當然看起來不錯，否則，根本不會達到獲利目標；獲利之後，很可能讓情緒變得激動。若是如此，情緒可能造成干擾，使你無法清晰思考。達到獲利目標之後，最好立即獲利了結，重新評估當時的行情，如果走勢折返整理，或許可以考慮再度進場。

停　損

就如同獲利目標一樣，預先設定停損也有所助益：侷限損失，讓你知道何時應該認賠出場。關於何時認賠的問題，最好是在頭腦非常清楚時決定，不要等到虧損實際發生而情緒波動的時候。

賺賠多少

應該隨時瞭解交易的平均盈虧程度，才能確定自己是否妥善掌握風險管理。把這些數據記錄下來之後，可能才會發

現成功交易的平均獲利爲$300，而失敗交易的平均損失卻高
達$900。如果看到這類情況，或許表示你應該更快認賠，獲
利部位的持有時間則應該稍微拖長一些。除非看到數據，否
則根本不知道問題存在，當然也就不能解決問題。利用Excel
的試算表，你很容易知道成功與失敗交易的平均盈虧數據。

部位持有時間

持有時間是決定交易績效的重要因素之一。虧損部位的
持有時間，應該顯著短於獲利部位。過去有一段期間，我總
是一直持有虧損部位，不斷期待行情反轉，不願面對自己的
錯誤。現在，我最多只允許虧損部位持有45分鐘，然後就出
場。一旦交易已經失敗，就必須承認，斷然認賠出場。很多
人剛好抱著相反的原則：獲利部位迅速了結，虧損部位則拖
拖拉拉。讓我重新強調一次：除非記錄下來，否則你根本不
知道部位的持有時間多長。

系統交易者

如果你採用某種交易系統，務必記錄你違背訊號進行交
易的資料，可以讓你瞭解自己是否較系統高明，或者將來最
好不要嘗試臨時修改系統。

交易決策

關於你所做的交易決策，儘量把結果記錄下來。可以釐
清一些重要問題，例如：虧損部位的認賠速度是否夠快？成
功交易的持有時間是否太長？是否太快出場？是否確實遵守
交易規則？是否等待行情折返？不斷記錄正確與錯誤的交易

決策，有助於糾正錯誤行為。唯有清楚看到錯誤，才容易改正。舉例來說，如果你時常看到「獲利部位出場太早」的紀錄，就會想辦法解決這個問題。反之，如果沒有寫下來，很可能根本不會發現這已經造成問題。

重新溫習交易日誌

　　如果有哪種行業需要不斷進行在職訓練，金融交易可能就是其中之一。記錄交易日誌就像上課抄筆記一樣，兩者都能夠提供幫助，但前提是你必須經常翻閱。只是單純的記錄沒有用，你必須仔細閱讀，分析自己的長處與短處。唯有當你開始檢討自己的交易績效，才算踏入交易的真正門檻。每天回家途中，我都會檢討當天的交易，希望知道自己在失敗交易中做錯了什麼，在成功交易中又做對了什麼。所謂的失敗或成功，分野不在賺賠的金額。虧損交易能夠迅速認賠，就是成功的交易。不會每筆交易都很順利，虧損交易愈早認賠愈好。我事後最重視的部位，往往是那些我做了傻事的部位。我會搥胸頓足，因為它們往往都是不該有的行為。當技術指標已經顯示反轉而我繼續持有部位，因此而吐回不少利潤，顯然這也是我不願重踏覆轍的錯誤。重新檢討這些交易時，我會思考當時究竟為什麼採取那種錯誤的行動，下次準備如何因應。市場當時是否透露某種值得我注意的訊息？

　　除了檢討錯誤之外，我也會因為某些精明的反應而拍拍自己的背。舉例來說，上個星期一的午餐時間，我還損失 $3,000（所謂「精明」，不是指這部分而言），我發現當天進

行的每筆交易似乎都非常不順手。於是結束所有的部位，到外面散散步，讓自己的頭腦恢復清醒。回到辦公室之後，我發現自己能夠更客觀的判斷行情。接下來的幾筆交易，扳回$2,500。結果，當天只是小賠$500而已——我認為這是相當成功的一天。這個經驗會提醒我，每當碰到交易非常不順手時，不妨出脫所有的部位，稍事休息。

專業交易員

一般交易者為什麼大多是輸家，而少數專業交易員大多是贏家呢？機構交易員的成功機率高於一般交易者，理由之一是因為他們擁有充裕的資本。他們也會觸犯相同的錯誤，但不需擔心某個錯誤會把他們的交易生涯一筆勾銷；他們擁有充裕的資本與完善的監督制度，所以能夠安然渡過錯誤。剛開始，他們會先接受訓練，隨時有人在旁指導或伴隨交易，帳戶資金很有限而不至於造成嚴重傷害。當他們犯錯時，對於公司造成的傷害，根本不能與大交易員相提並論。隨著技巧提升，他們的購買力與自由度也隨之增加。當然，這並不是一蹴而成，整個學習程序可能長達幾年。

訓練計畫

很多專業交易員都經歷一段密集的訓練。當我剛開始從事股票交易時，他們告訴我，一般新進交易者最初兩年都很難獲利。如果你打算一開始就獲利，恐怕會失望。這兩年

內，交易者學習如何從事交易。最初三個月，他們甚至沒有
進場的機會，只是在課堂裡學習各種交易機會與紙上模擬。
之後，只能從事非常少量的交易，而且必須嚴格遵守某些規
定，直到證明自己的能力為止。然後，才有更大的權限，能
夠操作更多股票，甚至獨立自主進行交易。這段期間內，公
司因為新進者而承擔的風險非常有限。即使某位初學者虧損
了$50,000，對於公司來說也沒有什麼，只不過是新進人員的
訓練費用罷了。

　　類似如高盛或美林等大型經紀商，甚至到全國各地的頂
尖研究所，投入大筆資本招募那些最優秀的學生，讓他們參
與公司的金融交易訓練計畫。這些企業不只是聘請他們從事
交易，而是把他們聘請來接受訓練，慢慢培養為交易員。為
什麼花費龐大的代價招募這些最優秀的學生呢？因為他們已
經證明自己的學習能力。根據經紀商的盤算，這些人接受教
導的能力，應該超過平常研究所的一般學生。

　　讀者可能會開始覺得疑惑：如果專業經紀商認為他們的
交易員需要經過幾年的嚴格訓練，花費可觀成本進行培育，
為什麼一些完全沒有交易經驗的散戶，認為他們可以利用
$5,000開戶，然後就開始靠著交易賺錢？即使是那些場內交
易員，也不是貿然就買下交易所的席位；他們大多在交易所
內擔任多年的辦事員職務，然後才實際進場交易。就我個人
來說，實際從事交易之前，我花了三年的時間在場內學習任
何所能夠學習的東西。對於自己的進度與計畫，應該務實一
點，儘可能準備充裕的資本。即使最初的交易不順利，甚至

虧損全部的資本，也不應該覺得沮喪；不妨把這段經歷視為
成功的必經之路，或成為頂尖交易者所必須支付的學費。

必須投入資金與時間，但最後還是會成功

　　讓我告訴各位一個實際的故事，主角是我認識的
人。這個人的哥哥是很好的場內交易員。經過他哥哥的
引進，並提供所需要的資本，他也開始從事交易。第一
年，他總共虧損超過\$10萬，觸犯每種可能發生的錯誤。
可是，他並不覺得氣餒，又籌措了更多資本，因為他哥
哥幾乎可以無限供應。第二年開始時，操作也很不順
利，不過情況慢慢改觀，最後只是小賠而已。到了第三
年，他已經成為一部非常穩定的賺錢機器。現在，他已
經在金融圈子打滾了十五年，每年都穩定賺取七位數的
收入。他支付的學費很可觀，但最後成為頂尖的交易
員。如果他當初在虧損\$2萬時就停住，顯然就完全沒有
成功的機會。

個人的一些感想

　　如果你期待自己從一開始就成功，將發覺金融交易是一
條很坎坷的道路。我深受「資本不足」之害；我認為，如果
當初擁有充裕的資本，最初幾年能夠專心學習，而不是嘗試
立即靠此謀生，我的交易生涯應該會更平順。當你把所有的
家當都押進去，而且完全沒有其他收入，交易會變得很困
難。從一開始，我的財務狀況就很窘迫，過份期待自己能一
夕致富。我太過自負，雖然一些有經驗的交易員經常勸我，

但我總認他們不如我。我經常忽視他們的警告，因為我認為他們的行事太過拘泥，根本不可能賺大錢。可是，他們卻能夠穩定的賺錢。我呢？則從自己的慘痛經驗中學習。如同稍早提到的，在我扭轉頹勢之前，累積損失曾經超過$75,000。如果我開始就擁有充裕的資本，情況可能大不相同，但我一直到七年之後才開始有穩定的收入。在我不斷掙扎而嘗試成為交易員的日子裡，只能到處打工，甚至週末都要工作，才能勉強過日子。我在場外賺取的錢，幾乎都投到場內，而且很快就轉為泡影，但我不認為自己的交易技巧太差，虧損主要是因為資本不足的緣故，因為後者不允許我耐心等待必要的勝算。當時的交易，往往也會有一陣子非常順手，然後突然遭遇逆流，結果在一個星期內就破產了。接下來，我必須連續開24小時的計程車，才能籌措必要的資金繳納黃豆部位的保證金。如果太急著賺錢，忙著找保證金，嘗試靠著交易賺取一天三餐的生活費，交易就會變得很困難。

成為最佳交易者

　　假設你打算成最更佳交易者，那恐怕要下一些功夫，不過只要決心投入，願意付出時間，準備充裕的資本，仍然會成功。如果你沒有什麼準備，也沒有充裕的資本，不要期待能夠立即在市場上賺錢；成功需要時間營造。剛開始，你必須由錯誤中學習，所以需要準備充裕的資本才能渡過這段期間。對於$5,000的帳戶來說，成功的機會恐怕不大。交易帳戶不一定要很大，但不要有不切實際的期待。邁向成功的途中，帳戶可能會破產一、兩次，你應該有這方面的心理準

備。破產沒有聽起來那麼糟；不妨把它視爲交易的祭禮。

　　初學者務必要記住，如果你希望不被三振出局，重點不在於如何賺更多錢，而在於如何少賠一點。就優先順序的考量來說，保障資本應該放在賺錢之前。如何處理錯誤很重要；每個人都會犯錯，尤其是初學者。即使你做了些傻事，也不要覺得氣餒；由挫敗中學習，想辦法不要重蹈覆轍。記錄交易日誌，定期翻閱檢討，分析自己的優缺點。如果你發現自己不斷觸犯相同的錯誤，就要仔細思考，或許你並不適合從事金融交易。

　　總之，讓我做最後的強調：最初兩年內，務必不要心急，一切都慢慢來，特別留意資本保障；甚至在五年之後，交易者偶爾還是會遭到重大挫折。「慢慢來」讓你有機會走更遠的路。付清學費畢業之後，才能夠靠交易謀生。

初學者經常面臨的問題：

1. 忽略學習曲線。
2. 起始資本不足。
3. 缺少操作（流動）資本。
4. 缺乏正式訓練。
5. 缺少受教的機會。
6. 缺乏適當的監督。
7. 預期很快就能成功。
8. 預期從一開始就能賺大錢。
9. 破　產。

提升交易技巧與存活機會的注意事項：

1. 慢慢來。

2. 實際操作上與心態上，都不要好高騖遠。

3. 支付交易學費。

4. 把握每個錯誤的學習機會。

5. 把經驗視為最佳導師。

6. 確定自己有足夠的資金持續下去。

7. 保障珍貴的資本。

8. 實際進行交易之前，先從事模擬作業。

9. 記錄交易日誌。

10. 定期檢討交易。

11. 要有決心。

12. 享受交易的樂趣。

值得思考的問題：

1. 我的交易資本夠不夠？

2. 我為什麼這麼做？

3. 我原本應該怎麼做？

4. 下一次應該如何避免重蹈覆轍？

5. 我是否會對每筆交易找合理的藉口？

6. 對於自己所犯的錯誤，有沒有仔細思考？

7. 當自己做對某件事時，有沒有好好鼓勵自己？

第 2 章

設定務實目標

我收到一封來自某房地產仲介公司老闆的信。他表示，他已經完成一門有關如何透過商品交易成為百萬富翁的課程，現在準備要開始大展身手。他同時寄了幾封類似的信給不同的經紀商，希望取得較好的條件。這封信的部分內容如下：

> 我準備在未來幾個星期內開始進行商品交易。過去我從來沒有交易經驗，但剛閱讀了肯恩·羅伯特（Ken Robert）的課程，目前正從事紙上模擬交易。我計畫開一個$25,000的帳戶，剛開始，一切都慢慢來，暫時目標設定為每個星期賺$1,000左右。幾個月之後，當我對於整個情況比較熟悉時，交易量會增加，藉以提升獲利水準。希望在一年之內，我能夠到達每個星期賺$5,000的目標，如此我就能夠放棄房地產仲介業務，完全靠商品交易維生。由於我將來的交易數量不少，而且完全自行擬定操作決策，所以希望貴公司能夠提供最優惠的佣金費率。敬請儘速回覆。

　　我也略帶慣有的嘲諷口吻回信道：

　　我們很高興能夠提供來回一趟$15的佣金費率。可是，在你開始著手進行交易之前，我必須強調一點，你所設定的目標似乎有些不切實際。對於$25,000的帳戶，你希望每年賺$20萬到$25萬，年度報酬率相當於是800%到1,000%之間。即使是避險基金經理人或專業交易員，他們的績效也不過是每年35%左右，你所提到的這種績效會讓他們非常羨慕。過去你從來沒有交易經驗，但你自認為績效會遠遠勝過專業玩家。縱使是每個星期賺$1,000，折算成年度報酬率也是200%，這對於新進者似乎仍然遙不可及。沒錯，你確實可能一星期賺$1,000，但你沒有考慮到還有其他很多星期可能發生虧損。假如第一年能夠賺取$5,000，你的表現在所有交易者之中，已經排名在10%以內。此外，對於一位初學者，我不建議你剛開始就透過折扣經紀商進行交易。因為初學者不免經常犯錯，你需要一位勝任的經紀人不時指點。如果你需要這類的服務，我們的費率是每趟$25。一旦熟悉市場狀況與交易技巧之後，就不妨挑選佣金費率最便宜的經紀商。關於商品交易或開戶程序，如果你想要進一步討論，請打電話給我。

　　不用說，他認為我的回函有些粗魯，所以沒有在我們這裡開戶。而在其他地方開戶，然後透過網路進行交易。兩個月之後，他打電話給我，把帳戶轉移到我們公司，因為他記起我的回信內容，認為我的答覆很實在。他當時大約虧損了

$17,000，也體認到商品交易並沒有他想像的那麼簡單。他透過最艱辛的方式學習到目標設定必須務實的課題。六個月之後，又虧了一些錢，他決定放棄交易而重新回到房地產仲介工作。他原本或許可以成為不錯的交易者，但從來沒有給自己充裕的學習時間。相反的，他太過好高騖遠，在有機會充分學習之前，就虧損了大部分資本。我想我當初的情況也大概是如此。我利用各種表格圖形、設定操作目標，計畫如何運用$5,000的資本賺取每個月$2,000的獲利，一直到帳戶資本累積為$1萬為止。然後，隨著帳戶資本不斷成長，每個月的獲利也由$3,000成長為 $4,000、$6,000，最後當每個月獲利到達$25,000時，我準備搬到紐約東區的豪宅。結果，我發現，通往紐約東區豪宅的道路並不平坦。

設定務實目標

不論現實生活或金融交易，目標設定必須務實

　　很多人都不能以務實的態度面對成功。住在紐約，我看到很多充滿夢想的人，他們設定的目標都太不實際了。每個月都有成千上萬的人來到紐約，希望在演藝、模特兒、服裝設計等領域裡獲得成功；甚至有些人來到華爾街，準備在此大展身手。這些人都聽說過，在紐約獲得成功的機率，大約等於被雷電連續打中兩次，而且隨後又被鯊魚咬到；可是，他們還是胸懷大志的來了；結果，大多成為不錯的侍者或酒保。剛開始從事交易時，我在餐廳裡當跑堂，看到很多準明星、準模特兒、準演員、準舞者，但我的夢想更瘋狂：我想

成為明星交易員。

　　關於目標設定，不論你的領域是什麼，心態上都應該務實。不論是現實生活或交易場上，你的想法都必須切合實際。很多人認為他們可以辭去目前的工作，利用區區的「$25,000」從此靠投資或交易謀生。有些人更荒唐，認為只要$5,000就夠了。他們在書上看到，少數交易者確實能夠把$5,000翻為$1,000萬；於是，認為自己也可以依此樣板成功。沒錯，這是可能的，偶爾也確實發生，但少數成功者所對應的是無數的失敗案例。把眼界放低一點，雖然不能夢想著日進斗金，但結果可能很不錯。

「九成以上的交易者都會失敗，但我是例外」

　　我曾經參加一場經紀人講習會，主講人提到他經常運用免費講習會的方法招攬客戶。在這些講習會中，他告訴聽眾，所有交易者之中，大約只有90%最後能夠成功賺錢。他承認，他的客戶大約有90%是以虧損收場。接著，他問聽眾們：「你們當中有多少人自認為將是最精明的10%贏家呢？」只要他提到這個問題，答案就幾乎毫無例外──全部舉手。雖然這些人都剛得知金融交易的殘酷事實，而且也清楚他們當中絕大多數人都會失敗，但沒有人願意面對現實。大家都只願意想像或談論金融交易的各種可能性，卻不願面對現實。大家都幻想著自己的成功故事，沒有人認為自己可能失敗，雖然他們明明知道失敗的機率高達九成。當然，每個人都應該有成功的自信，但畢竟也要瞭解失敗的可能性。

「我要求的報酬率只是10,000％，不算過份吧！」

　　務實的目標不只具有可行性，並且也可以避免因為目標過高而受害。荒謬的目標只會帶來失望。如果帳戶資本只有$10,000，卻想要靠著交易過日子，恐怕會很艱難，勢必要頻繁的進行交易。交易一旦過份頻繁，生存的機會就立即受到威脅。除了過度交易，承擔過高的風險之外，還必須維持很高的報酬率，如此才可能達成目標，成功的機會顯然太渺茫了。每位初學者都希望自己一帆風順，幾年內就把帳戶升格至百萬等級；可是，如果想要讓帳戶規模達到$100萬，最穩當的辦法就是由$200萬的帳戶著手。根據我多年的觀察發現，資金最充裕的人，表現往往也最好；有句話說：「錢能滾錢」。較大的帳戶雖然不會讓一個人變成較好的交易者，但允許有較大的犯錯空間，每筆交易可以承擔較低的風險，具備較高的續航力。留在市場的時間愈久，成功機會自然愈高。如果帳戶內只有$2,000或$3,000，破產並不是什麼了不起的大事，對於生活也不至於構成重大影響。我想，這也是造成某些交易者容易失敗的原因之一。可是，如果帳戶資本高達$10萬，那就不是隨便能夠損失的金額，交易者自然會小心保護。

　　帳戶資本為$10萬，勉強靠著交易謀生的可能性也較高；如果交易者打算每天賺取$1,000，所承擔的風險應該可以小於那些帳戶只有$1萬的人。可是，即使是如此，你所要求的年度報酬率也高達200％。對於小帳戶來說，每天$1,000相當於是10,000％的年度報酬率。任何具備這種能力的人，我想摩根士丹利本人半夜也會登門拜訪，以8位數的高薪聘

請你做為操盤人。不要誤會我的意思：更小的帳戶也可能一天賺進$1,000；我就曾經以$2,000的帳戶辦到這點。可是，只要一個錯誤就可以讓你消失無蹤。那些專業玩家之所以能夠成功，可以每年賺取百萬利潤，理由之一就是他們的交易資本高達數千萬，而且每年只希望實現20~35%的年度報酬率。他們可以挑選勝算最高的機會，留意穩定的獲利，不期待少數幾筆交易大賺一翻。他們不特別在意獲利目標金額，而是聚精會神的成功處理每筆交易，賺錢只不過是自然的結果罷了。

目標不切實際的傷害

　　早期交易生涯內，我碰到的最大麻煩就是某天賺進了$1,000。這發生在我開始進行交易的第二個星期；從此以後，$1,000成為我每天的獲利目標。賺進$1,000的那天，是個非常特殊的日子，手風奇順，我碰到的每筆交易都有如神助。可是平常日子裡，情況並非如此，不是每筆交易都能獲利。雖說如此，我仍然決定從此以後每天賺進$1,000。所以，每次交易不再是1口契約，而是2口或3口。同時開始涉足其他市場，不斷尋找交易機會。我的交易顯然過度頻繁，部位規模也超過合理程度，後果也很明顯。我當初設定的目標是每天$200，這對於1口契約來說還算合理；一切原本都進行得很平順，直到我調高目標為止。

設定合理目標

關於目標設定，首先必須強調實際。不要設定一些虛無飄渺的目標。如果資本只有$1萬，卻希望每天賺進$1,000，恐怕只能挑選債券或S&P 500E迷你契約，但這是合理的目標嗎？這意味著你的資本必須完全充做保證金，而且每筆交易都能掌握不錯的走勢。這種目標相當於每個星期50%的報酬率，難道不離譜嗎？讓我們看看什麼叫做務實的目標。每個星期都必須想辦法獲利，假定輸贏比率是45：55，獲利交易掌握的點數平均為8點，虧損交易的每筆損失不應該超過4點，就是可行的目標，絕對會把你導入正途。

不要忘掉虧損的日子

某些人的目標可能是每天賺進$400或$500，並期待一整年能夠獲利$10萬。一天獲利$400不算離譜，還算是合理的目標；可是，當交易者估算整年度的獲利目標時，經常會忘掉虧損的日子。他們假設每天都可以賺取相同金額的錢，完全忽略了有些日子會發生虧損。實際的情況又如何呢？一般來說，發生虧損的日子，天數或許與獲利天數相當，甚至更多，而且虧損金額通常都超過獲利金額。那些打算每天賺進$400的人，碰到手風不順時，很可能一眨眼就虧損了$2,000。萬一遇到這種情況，交易者往往就會忘掉當初設定的$400目標，可能會想辦法玩大的，嘗試立即扳回頹勢。於是，他開始過度交易，而這通常會帶來非常不好的結果。永

遠不要試圖扳回虧損。如果你認爲每天賺$400很合理，就繼續維持這個目標；只要多花幾天功夫，仍然可以把破洞補起來，結果絕對勝過「玩大的」。除了獲利日子必須設定目標之外，虧損的日子也應該設定目標，而且後者的金額必須小於前者；如果前者是每天賺$400，後者的平均虧損就應該少於$400（例如：$300）。一旦考慮某些日子可能發生虧損，每年賺取$10萬的目標就會變得蠻難的，$2萬或許是比較合理的目標。我認爲，每位交易者都應該設定操作目標，做爲努力的方向，但目標必須具備可行性；另外，請記住，目標只是參考準則而已，不一定每天都必須達成。

最小帳戶規模

　　我不斷重複強調，交易可供運用的資金不可太少，但一直沒有提到最低金額究竟是多少。雖然很難提出一個普遍適用的數據，不過期貨交易最起碼應該準備$25,000~$5萬，股票大約是$10萬。就此帳戶規模而言，勝任交易者只要保守進行操作，順利時大約能每個月賺取$50,00~$10,000。前述金額應該可以提供充裕的保證金，也允許交易者從錯誤中學習。當然，帳戶規模愈大，成功的機會愈高。某些情形下，在取得幾筆不錯的交易之前，往往會先出現一串連續虧損；如果資本不足，可能等不到獲利機會出現。這也是爲什麼帳戶規模愈小、成功機會愈少的道理所在。舉例來說，$5,000實在太少了，恐怕很難讓初學者安然渡過一段操作不順手的期間。如果你的帳戶很小，那也沒有問題；小帳戶有小帳戶的操作方法，目標設定與操作方法必須和帳戶規模配合，交

易頻率必須降低，尤其要挑選一些行情波動較小的股票或市場，也不應該期望獲利很高。

不同層級的目標

除了整體績效，還要考慮很多不同層級的目標，例如：每個市場、每個波段、每天、每年或學習曲線的任何長度。

市場目標

平均真實區間

首先考慮最低層次的行情目標：某個市場可能出現多大的走勢？這樣才能估計交易可能發生的盈虧水準。關於某個市場或某支股票可能出現的走勢幅度，估計上必須務實。不論當日沖銷或長期投資，都應該設定此項目標。關於這方面的問題，首先應該瞭解何謂「**平均真實區間**」（Average True Range，簡稱ATR），任何時段都有其平均真實區間。

平均真實區間（ATR）

今天（或任何時段）的平均真實區間為下列三者的最大者：

1. 今天最高價與最低價之間的差值。

> 2. 今天最高價與昨天收盤價之間的差值
> （換言之，如果今天與昨天之間出現向上
> 跳空缺口）。
>
>
> 3. 今天最低價與昨天收盤價之間的差值
> （換言之，如果今天與昨天之間出現向下
> 跳空缺口）。

　　如果某當日沖銷股票最近十天的平均ATR為$4，而當天已經出現$3.75的走勢，或許就應該考慮獲利了結。如果你堅持想要賺取最後一檔，勝算就不站在你這邊。這支股票最可能出現的走勢，就是最近的平均真實區間，除非當天的情況很特殊，否則隨後的走勢應該轉弱或遭遇阻力。如果你夠精明，應該在這時候了結出場或反轉部位，因為整個動能方向很快就會轉變。短線交易者最好不要嘗試掌握行情的最後一隻腳，應該在大家都爭先恐後忙著出場之前就提前出場。如果你準備等到趨勢反轉之後才出場，恐怕會太遲了，因為撮合價格到時候變化很快，而且是朝不利方向變動。總之，在市場仍然允許你從容出場時就出場，尤其是部位規模很大。沒錯，某些日子可能出現$5或以上的走勢──那又如何呢？平均來說，一天的走勢幅度就是$4左右。在某種程度內，金融交易是一場機率的遊戲，你所希望掌握的是80%的勝算。請參考圖2-1。幾個月之內，AMAT的每天平均價格區間都是$4；只有在很少見的情況下，走勢幅度才得以超過$4。如果

你知道這支股票的平均走勢幅度，就比較有機會獲利。即使在你出場之後，股價繼續朝原有方向移動，也不應該覺得懊惱，因為你所要的是穩定的勝算，而這才是長期的致勝之道。

　　如果你沒有必要的軟體可供計算市場的ATR，不妨試試Excel，要不然只好靠人工計算。由於ATR會不斷變動，所以必須隨時更新資料。我過去交易的一些股票，例如：Ariba（代碼ARBA），每天區間曾經高達$15，現在只剩下50美分；某些股票過去的每天區間可能是$4，現在則是$2；黃豆的行

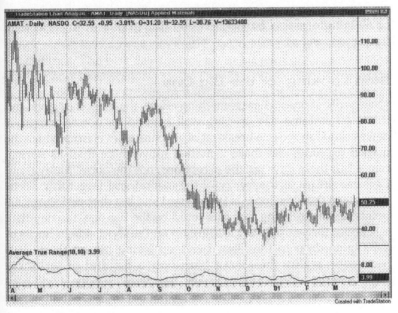

圖 2-1　AMAT日線圖：平均真實區間為$3.99。

情波動幅度，夏天顯著超過其他季節。總之，你必須隨時調整，才不會引用一些過時的資料。關於ATR的計算，我個人偏好採用最近5天到10天左右的平均值。一旦掌握某支股票或商品的行情波動狀況，就能判斷最可能實現的價格目標。舉例來說，對於一支價格$15的股票，如果ATR只有$1，就不應該期待一天之內出現$5的走勢；反之，對於$70的股票，如果ATR高達$6，就很可能出現$5的走勢。另外，如果你從事當日沖銷，或許需要知道30分鐘或60分鐘的ATR，才方便於判斷短線進出。

停止期待大行情

　　某些情況下，個股或商品走勢可能受到重大事故刺激，結果出現大行情，價格波動程度遠超過正常區間。舉例來說，如果發生重大消息，或走勢突破重要壓力或跌破重要支撐，價格可能出現爆發性行情，但這屬於例外、不是常態。我往往會受到行情走勢的迷惑而忘了這點。過去某些日子，當道瓊指數暴跌200點時，我就不禁認定這就是大家談論已久的崩盤。於是，開始建立龐大的空頭部位，期待道瓊指數至少下挫500點。結果如何呢？這些空頭部位不只沒有「削爆」，反而都大賠。所謂的「崩盤」，歷史上畢竟只出現過幾次而已。可是，我往往一廂情願的相信或期待它們每個星期都出現。所以，我對於特定事件發生的機率，判斷上並不務實。每當我認為行情可能崩盤，通常也正是價格開始向上反轉的時候。當行情波動到達正常水準的極端程度，最好不要過份期待，除非市場強烈顯示相反的證據。如果在你出場之後而行情繼續發展，千萬不要覺得受騙或氣餒，因為你是站

在勝算最高的位置。非常諷刺的，我是在上班途中寫下這段
評論；當天中午，道瓊指數大跌200點。於是，我奉行本段
評論的教誨，回補所有空頭部位，結果收盤指數暴跌400
點，創下歷史最大跌幅之一。雖然我很希望能夠掌握整段跌
勢，但我自認為是在最正確的時機回補。稍後，當我看到行
情明顯轉弱的徵兆，仍然能夠重新進場。

每筆交易的獲利目標

　　除了知道走勢的平均價格區間之外，不要忘了價格是呈
現波浪狀發展。不論股價是兩個月上漲$30，或一天上漲
$4，通常很少出現直線狀走勢。這些行情都是透過波浪狀發
展而完成。某支股票的每天價格區間雖然是$4，但很可能平
均每上漲$1，就下跌$0.50；整個$4價格區間是經由7、8波走
勢才完成。雖然黃豆的每天平均價格區間高達12點，但非常
不可能一口氣就出現12點的行情。你可能必須先掌握5點的
走勢，然後再找機會實現另外4點的利潤。如同棒球選手一
樣，當日沖銷者最好把每天的目標設定為「數支一壘安
打」。如果你想把球打到場外，就經常會被三振出局；最好
還是每天擊出3、4支一壘安打，不要期待全壘打。把目光鎖
定在小波段行情，通常較為安全，獲利也較高。

順勢而為

　　關於如何衡量典型波段走勢的長度，實在沒有任何簡單
而明確的公式可供參考；你只能想辦法瞭解市場。在不同的
時間架構上──例如：5分鐘、60分鐘、天、星期──波段
走勢的規模都不一樣。隨著交投熱絡程度的變化，行情波段

的長度也會不同。關於利潤，你只能被動接受市場所願意給予的，而不能主動設定你所想要的。當行情結束時，你就應該出場；如果為了爭取最後一點利潤而繼續耗在裡面，一旦行情反轉，你將付出重大代價。你可能必須浪費幾個鐘頭的時間等待另一段行情。如何判斷行情波段的平均長度呢？最好的辦法就是熟悉你所交易的市場，研究艾略特波浪理論，運用趨勢線、通道等技術分析技巧，並透過擺盪指標判斷超買或超賣程度。稍後，在本書的技術分析章節裡，我們會繼續討論這方面的問題。

　　請參考圖2-2，這是AMAT的2分鐘走勢圖，每天平均真實區間大約是4點。開盤價較前一天收盤大約上漲2點，漲勢約略又繼續了半個鐘頭（A點），然後出現數波段賣壓。12:30時（B點），由高點起算的跌幅已經是4點，相當於當時的每天平均價格區間。從這個時候開始，走勢由空翻多；精明的玩家也應該在ATR附近翻空為多。B點之後不久，行情又嘗試向下發展，但跌勢停頓於C點，波段漲勢由C點開始。

　　讓我們看看波浪狀的發展。介於10:00到12:30之間的跌勢，波動幅度稍大於4點，但股價並不是直線下跌。在標示著向上箭頭的位置，走勢都曾經向上翻升。不幸的，我是在事後才標示這些箭頭；我還在想辦法利用某些技術指標預先顯示價格即將反轉的位置。股價下跌過程中，每波段的跌幅介於1點到2點之間，平均大約是1.5點，每波段的反彈幅度大約是3/4點。由C點開始的漲勢也呈現波浪狀發展。股價走勢之所以呈現波浪狀發展，主要是因為短線玩家的獲利回吐行

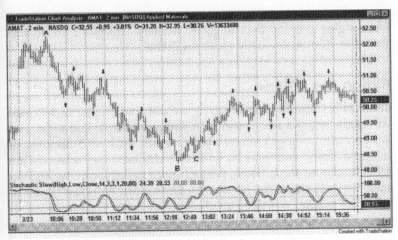

圖 2-2　AMAT盤中走勢圖：掌握波段走勢。

為。股價往往要花費30分鐘才會下跌1點，但只要10分鐘就可能急漲3/4點，這經常讓當日沖銷者很難應付，不過熟悉市場脈動之後，往往就能預先感知即將發生的行情。針對波段走勢進行交易，我採用隨機指標觀察動能消失的位置做為進、出場的參考點。以圖2-2為例，我們發現圖形中標示著上、下箭頭的位置，剛好都對應著下側隨機指標的轉折點。每個市場都反映著整體參與者對於價格的看法。如果大家都準備在價格下跌1.5點之後就獲利了結，你就必須務實一點，也應該在這個位置回補。如果你準備乘風「破浪」，可能就會眼睜睜看著1點的利潤縮水為1/4點，然後才驚恐的了結，但在5分鐘之後又重新建立空頭部位。如果我能夠取得1.5點到1.75點的走勢，就會獲利了結，然後在反彈過程中另外尋找放空的機會。即使錯失下一個機會，我也知道自己的操作

方向是正確的。如果行情的波段幅度太小，就會靜觀其變，因為佣金費用將侵蝕所有可能的利潤。進行波段操作，必須不斷獲利了結，在短線行情反轉之前出場。

較長期的操作

　　較長期的操作也是如此。市場很少會出現直線狀的走勢。如同盤中走勢圖一樣，較長期的走勢圖也可以運用趨勢線、擺盪指標來協助判斷行情轉折。每當隨機指標出現極端讀數，意味著價格已經逼近通道邊緣，這時就應該準備獲利了結。在行情反轉過程中，你可以尋找下一個進場機會。當股價逼近通道邊緣時，很多交易者就直覺認定通道即將被突破。絕大多數情況下，股價都無法突破通道，交易者的反應必須很迅速。如果你在心態上願意犧牲最初一段的行情，波段操作就變得很容易。請參考圖2-1的波段走勢。前半段走勢中，AMAT股價由115跌到40，每當跌勢顯得一發不可收拾時，行情卻向上反彈10點、15點或25點。如果空頭部位建立得不是時候，很可能會受傷。在後半段過程中，出現來回遊走的區間盤整走勢，有幾次似乎要進行突破，結果又折返區間通道內。那些等待價格拉回或反彈才進場的人，結果都勝過那些迫不及待進場的人。

個人目標

　　除了設定獲利與市場走勢的目標之外，也應該針對一些日常工作設定目標，藉以鞭策自己。這些目標應該儘可能單純，而且容易達成，才不至於覺得氣餒。所設定的目標當然

必須有達成的可能性，但也不應該簡單到不可能不達成的地步；總之，讓自己花些功夫來達成目標。以下列舉一些有助於提升自我的目標。

改善自己的缺失

　　每個人都免不了有些特殊的缺點，使得操作績效難以繼續提升。此處所提到的目標，應該涵蓋這方面的問題，換言之，釐清自己的缺失所在，想辦法改善。事實上，這包括兩個目標，而不是一個。第一；找到問題（尋找自己的缺失）；第二；解決問題（設法改正缺失）。閱讀本書的過程中，如果你察覺自己的某些缺失，應該立即記錄下來，然後設法改善。

由錯誤中學習

　　金融交易免不了發生閃失。雖說如此，但不可忽視這些錯誤；錯誤既然已經發生，就應該想辦法由錯誤中學習，這絕對可以幫助你提升操作績效。關於個人目標的設定，「由錯誤中學習」應該放在最優先考慮的清單內，而且應該想盡辦法達成。在整個金融交易生涯內，你一定會持續發生錯誤。然而，如果能夠避免重複發生相同的錯誤，就可以看到顯著的進步。

合理的損失

　　這項目標很單純，但往往很難達成。不論交易對象是股票或商品，發生虧損時，必須想辦法保持合理。如果股價每天的波動區間是$3，當日沖銷就不要經常出現$2.50的損失；

50到75美分的損失比較合理。如果帳戶資本爲$1萬，那麼任何一天或任何單筆交易就不應該發生$1,000的損失。任何單一損失如果超過5％，承擔的風險就太高了，恐怕很容易失敗。任何單一損失都不應該超過帳戶淨值的2％，愈低愈好。

保障珍貴的資本

「不要耗盡交易資本」應該是你的目標之一。你希望多年之後還能繼續從事交易，所以需要永遠保持充裕的資本。保障資本的最好辦法，就是優先考慮損失控制。不要考慮賺錢的問題，首先必須節制虧損。如果你能夠辦到這點，當你累積足夠的交易技巧之後，就還有充裕的資本可供運用。

不要追逐行情

這是初學者最容易受傷的情況之一。一旦看到大行情，就會興奮莫名，然後在價格繼續上漲或下跌過程中進場。你對於價格能夠一股作氣上漲或下跌到什麼程度，必須有務實的判斷能力。即使是最熱門的股票，價格也難免拉回，漲勢愈強勁，回檔愈猛烈。你必須等到價格不繼續上漲，然後才在整理或拉回走勢中進場。否則，你可能在最高價附近買進，然後在股價回檔過程中被清洗出場。即使因此而完全錯失進場機會，仍然應該等待價格折返。即使錯失機會，又如何呢？市場每天都會開盤，機會永遠存在。務必學習等待價格拉回——減少失敗的可能性，就等於提高勝算。

保持務實的態度

即使行情變得瘋狂，態度也要保持務實

1999年到2000年4月之間，投資人只要買進科技股，幾乎就可以賺翻了。這些人未必是精明的交易者，只不過運氣好罷了。這段期間內，他們很不可能出差錯，不幸也因此變得太驕傲，結果在2000年底到2001年之間付出慘重代價。就當時的情況來說，他們從來沒有、也不必培養任何資金管理技巧，對於股價也沒有務實的概念。任何股票都不應該在三個月內由\$6漲到\$150，而且經過分割之後，整個飆漲走勢又重新來過一次。可是，有些人開始認為這是正常的現象。最後，當行情真正恢復正常時，這些人也就發現自己不只是白忙一場而已。

除非碰到罕見的大多頭行情（例如1999年到2000年4月的那斯達克市場，股價在這段期間內可能由\$15漲到\$200），否則，即使處在多頭行情內，股價一年的漲幅大約只有20%到35%之間。那些由血淚經驗中得知交易並不簡單的人，即使處在瘋狂的行情中，也知道設定務實的目標。任何趨勢最後都會結束；到了這個時候，交易者必須務實回補，甚至建立反向部位。我知道很多在\$60買進朗訊（Lucent）的人，在股價跌到\$2還繼續抱著；到了某種程度之後，他們應該知道股價很難回升了。幾乎每天都有人打電話給電視台的老師們，問道：「我在60買進朗訊，現在是\$2，請問怎麼辦？」現在已經太遲而沒有任何辦法了。事實上，早在幾個月之

前，當股價還明顯高估的時候，就應該採取行動了。

學習期間相當漫長

　　如同第1章提到的，交易活動並不簡單，多數人都無法很快精通。你不應該期待自己能夠一蹴即成，對於學習期間的長度估計，態度必須務實。如果你願意聽取我的意見，我認為你至少要繳兩年到五年的學費，然後才能成為勝任的交易者。最初幾年內，交易的整體目標不應該是賺取$XXX，而是在學習期間結束之後仍然保留充裕的交易資本；到了這時，賺錢將是自然的結果。你需要幾年的時間來磨練技巧，也需要足夠的資本渡過這段期間。如果你打算從事金融交易，就必須理解這點。即使一開始就賺大錢，也未必代表你就是一位交易好手。你還沒有經歷連續虧損的考驗，只要出現這類狀況，很可能就會因為過度自信而失敗。剛開始時，很多人都自認為可以立即依賴金融交易謀生，結果卻沒有足夠的資金讓他繼續生存。就我個人而言，大約經過幾年摸索之後，才能完全依賴交易養家活口。最初幾年，我經常必須日夜打工，才能勉強支持我繼續從事交易。我曾經在紐約開計程車；在餐廳端盤子；在會計師事務所打工；在一些樂團彈吉他。我總認為「只要再撐上幾個月，交易就會踏上軌道」；結果，「幾個月」變成「幾年」。

務實對待失敗的可能性

　　最後，關於失敗的可能性，態度上必須務實。雖然每個踏進金融市場的人，都抱著賺錢的期望，而且積極心態也是成功的必要條件之一，但你仍然應該瞭解自己很可能會失

敗。從事金融交易的人當中，大約有90%會失敗，你愈坦白
面對這項統計數據，就愈可能不會變成失敗者。

把金融交易視為事業

　　務實對待交易的方法之一，就是把它當成是你的事業。
爲了取得成功，你對於金融交易的認眞程度，絕對不能輸給
任何創業者。創業者應該準備充裕的資本，不能期待新事業
能夠立即提供收益。沒有充裕的資本與週轉資金，任何事業
都很難成功。甚至在正式營業之前，就有很多費用必須支
付。不論哪種行業，都需要一段運作時間，才能逐步提供穩
定的現金流量。然而，某些交易者卻期待能立即成功。如果
你打算創業──不論哪種行業，餐廳、商店、顧問公司、垃
圾處理或IBM──顯然都不希望資本拮据。對於大多數行業
來說，如果資本不能因應最初兩年需要，就算是資本不足。

　　人們通常都會經過仔細考量，然後才會投入一個新行
業；他們會做各種分析，設定務實的計畫，確定財務沒有問
題。除了資本之外，其他決策也必須謹愼行事。如果你擁有
一家服飾店，應該不會因爲某系列服裝看起來不錯，或擔心
錯失最新流行的款式，就倉卒進貨。精明的生意人都會先看
看競爭對手的反應，評估產品的需求度，盤算利潤幅度，當
然也會考慮有限店面是否有更好的利用方式，然後才會決定
是否應該進貨。換言之，生意決策必須精打細算，不能臨時
起意。在可能範圍內，生意人儘量會避免誤打誤撞的情況。
即使錯失第一波流行熱潮，隨後跟上也不嫌太遲，只要需求

很穩定，投資風險就不高。

與其他行業比較起來，金融交易的風險偏高，所以態度必須更謹慎一些。每筆交易都應該當成一筆生意看待。就生意人的立場來看，交易目標應該是在最低風險程度下，追求最大的利潤。如果不能把金融交易活動視為經營事業，而只是單純追求刺激的快感，那應該到賭場──兩者的最後結果畢竟相同。不幸的，某些人沉迷於交易的快感中，從來不想讓自己提升為最佳交易者。唯有把金融交易視為生意看待，而不只是一種娛樂工具，態度才可能更客觀。

擬定經營計畫

一個事業是否能夠成功，最大關鍵在於是否存在紮實的經營計畫。經營目標詳細列舉事業的經營宗旨與目標，規劃許多不同階段的經營重點。如果嘗試向外募集資金，經營計畫是必要項目，即使不需倚賴外部資金，經營計畫也絕對有助於事業發展。很少新進交易者願意花功夫擬定經營計畫。編寫經營計畫是一項大工程，需要花很多時間；所以，我瞭解少數交易者什麼願意這麼做的理由；可是，如果你願意付出代價，一定會有收穫的。

編寫交易經營計畫，就像是銷售共同基金所需要的公開說明書一樣。不論哪個領域的經營計畫，基本內容都非常類似。換言之，你必須透過這些內容說服別人投資。所以，編寫經營計畫的過程，將幫助你瞭解相關活動涉及的成本與種

種因素，有助於你認真看待交易活動。你將發現，不切實際的報酬目標是多麼難以達成。也會發現，金融交易所涉及的風險，以及所需要的資本。你必須清楚說明你的點子、參數，以及從事交易的潛能何在，還有因此而可能發生的各種問題。這一切有助於你評估真正的風險，目標設定也會務實一些。你可以藉此盤算經營交易事業所需要的資本，以及維持日常生活與緊急需要的費用。透過這些評估，將發現銀行帳戶內的$1萬根本不足以因應交易需要。至於交易計畫的實際內容，本書稍後會詳細討論，目前只列舉一些例子。

交易計畫需要考慮的一些重要項目：

1. 交易風格、策略與系統。
2. 時間架構。
3. 相關成本。
4. 資金管理計畫。
5. 潛在獲利。
6. 風　　險。
7. 影響操作績效的內部與外部因素。
8. 你為什麼自認為可以成功。

一位倒楣交易者的真實故事

　　交易者對於本身或市場可能出現的行為，看法可能不太務實。關於這點，我想告訴各位一個例子。某位客戶告訴我，他的朋友打算從事金融交易。因此開了一個$4,000的帳戶，原本打算從事穀物選擇權交易。支票經過交換之後，我打電話告訴他，帳戶已經可以進行交易

了。這段期間內，他經常收看CNBC的股票行情報導，話題當然都脫離不了那斯達克（NASDAQ）的大多頭行情（當時正處在2000年3月的峰位，價格波動非常劇烈）。行情稍微回檔之後，他一直詢問有關那斯達克迷你契約的問題，最後決定進場買進1口契約。我嘗試阻止他，我告訴他，剛開始從事交易，最好不要挑選行情波動最劇烈的市場，萬一判斷錯誤，損失很快就超過$1,000。他根本不管；他認為那斯達克屬於最強勁的多頭市場，漲勢會繼續向上發展，尤其是在短暫回檔之後進場，絕對錯不了。他把停損設定在$1,000位置，但不認為停損可能被觸及。大約經過1小時之後，我打電話給他，告知他的部位已經損失$800，想知道他有什麼打算。就在電話還沒有掛斷之前，行情持續下滑，損失也繼續擴大，但他相信股價必定會反彈，所以要我取消原先設定的停損，並且堅持買進第2口契約。結果，股價大約反彈了2秒鐘，然後又繼續下滑。我第二次打電話給他時，部位損失已經超過$2,000，於是他決定認賠出場。接著，行情大幅反彈。他非常生氣，股價大漲而他竟然只能在場外觀望。他告訴我，他要匯進更多資金，而且要買2口契約。在他真的這麼做之後，股價又筆直下跌，這次的損失更慘重。看著帳戶淨值跌破$1,000，他嚇呆了，第一次徵求我的意見。我建議他趕快認賠，但他完全不能接受。最後，我被迫處理他的部位。整個過程結束之後，他幾乎已經破產，而這只不過是第一天的交易罷了。他顯然沒有嚴肅看待可能發生的狀況，因此付出代價。他從來沒有做必要的準備工作，對於市場風險沒有清楚的概念，

所做的事情已經超出自己能力範圍之外。隔天，他結束
交易帳戶，從此再也沒有從事交易。

我的經驗

　　我的交易方式往往把自己當成是百萬富翁一樣，這是我
最大的問題之一。我總認為自己與隔鄰的其他交易者相同，
雖然他們帳戶內的資金至少是$50萬，而我只有區區$3萬。
每筆交易承擔的風險，都超過應有的程度，我所願意接受的
損失金額與隔鄰交易者相同，但他們擁有的資金卻是我的十
多倍。結果，我總是難逃虧損的命運，因為期望太高而不可
能達成。為了達成目標，我被迫不斷進行交易──過度頻繁
的交易，絕非長久之計。我的另一個重大缺失，就是忽略行
情可能出現的走勢幅度，總認為既有趨勢會持續發展。由於
我不能務實的獲利了結，結果經常讓部位轉盈為虧。關於如
何及時獲利了結與認賠出場，我花了很多功夫才慢慢變得比
較務實一些──持續觀察與模仿交易好手的方法，也逐漸摸
到竅門。雖然我仍是相信應該讓獲利部位持續發展，但態度
上變得比較務實；過去，我經常聽任獲利部位演變為虧損。
對於所投入的資金究竟能賺多少，我的態度變得比較務實。
我不再試圖賺取不合理的利潤；所以，當我操作非常順手
時，每天獲利程度已經不如過去，但操作順手的發生頻率卻
遠多於過去。我發現一項重要的真理：**金融交易的首要之務
在於求取生存，不在於賺多少錢。**

成為最佳交易者

　　成為最佳交易者，是指你不只要對本身與自己能力設定務實的目標，也要對市場表現設定務實的目標。你必須嘗試掌握市場反應的脈動，瞭解自己能夠對於市場存著什麼期待。除此之外，你必須準備適當的交易資本，並瞭解該資本對於交易目標造成的限制。如果你只擁有$5,000的資本，交易目標與期望顯然就應該低於擁有$5萬的人。成為最佳交易者，也意味著你知道需要投入多少時間才能成功，而且也瞭解失敗的可能性；破產的可能性永遠存在，但只要你決心成為最佳交易者，破產也是一種值得汲取知識的經驗。剛開始，經常發生虧損；多數交易者都是如此。不要期待自己一夜之間就會成為明星交易者；至少給自己兩年的時間認識市場。務實的態度雖然很重要，但還是要有自信，相信自己是最佳交易者，而且每天都如此期許自己──否則，你永遠都不會是最好的。

　　對於自己能夠賺多少錢，以及應該準備多少資本達成前述目標，態度必須務實，這是最重要的。一般交易者最終之所以失敗的最主要理由之一，就是資本不足。起始資本愈充裕，成功的機率愈高。如果你只能籌措$2,000，結果大概免不了失望。交易者之所以失敗，通常不是因為其交易技巧笨拙，而是因為沒有足夠的資金渡過困境。每位交易者都難免遭遇困境，但某些人可以安然渡過，另一些人則否，後者大多因為資本不足。即使是$1萬規模的帳戶，完全仰賴交易維生，也需要很長一段期間的磨練，但某些人卻以為一開始就

可以賺取500到10,000%的報酬率。你知道嗎？頂尖的避險基金經理人或專業交易員，如果每年能夠賺取35%的獲利，他們就非常高興了。你不需要太在意能夠賺多少錢，重點是不要賠太多錢。設定很可能達成的務實目標，就更有機會變成較好的交易者。

態度不夠務實的交易者，可能遭遇的問題：

1. 不相信自己竟然會賠錢。
2. 交易過度頻繁。
3. 承擔太高的風險。
4. 好高騖遠。
5. 容易遭遇挫折，感覺失望。
6. 破　產。
7. 預期某支股票每年都會漲兩倍。
8. 整個生活變得不愉快。

協助交易者態度更務實的一些事項：

1. 目標設定在通常能夠達成的範圍內。
2. 記住！不會天天過年。
3. 保持充裕的交易資本。
4. 知道交易對象的價格平均真實區間。
5. 知道每波浪走勢的平均長度。
6. 不要期待全壘打。
7. 期待較小而可靠的報酬。
8. 投入更多時間汲取經驗。
9. 由錯誤中學習。

10. 不要讓虧損擴大。

11. 不要追逐行情。

12. 即使面對著瘋狂的行情，態度也要保持務實。

13. 把交易當成一種事業來經營。

14. 擬定交易計畫。

能夠幫助你的一些問題：

1. 我設定的目標是否合理？

2. 我的態度是否切合實際？

3. 我有沒有措施行情？

4. 我是否經常對於交易部位的期待過高？

5. 我承擔的風險是否太高？

6. 關於交易決策，我的處理態度是否很客觀？

第 3 章

整平競技場

我記得高中歷史老師曾經告訴我們,有一次,當人們問拿破崙,他認為哪一方可以贏得戰爭。拿破崙回答:「當然是法國人,因為我們擁有最大口徑的砲。」

與專業玩家同場競技

不妨想像自己開著車子進入一級方程式賽車場。即使你的駕車技巧一級棒,而且擁有全新的手工打造時髦跑車,我想你也無法想像自己能夠贏得比賽,因為你的對手都是專業好手,開著最頂尖的賽車機器。不論你的駕駛技術多麼高明,除非你擁有類似的賽車經驗、技巧、配備與後勤支援,否則根本不能與這些專業賽車手較量。事實上,不只獲勝機會渺茫,甚至很可能無法跑完全程。金融交易的情況也是如此。你希望求取生存,而且能夠賺錢,但競爭對手中包括一些專業玩家,他們的條件遠勝過你。除非你設法整平交易競技場,否則成功的機會不大。

人們經常忘掉一個事實,市場是由所有交易部位構成,

包括：單口契約交易者，甚至於避險基金經理人，他們共同決定市場價格。市場是根據當時價格進行交易，市場價格之所以發生變動，不是因為走勢圖、技術指標或新聞報導顯示如何，而是交易者下達的指令顯示價格應該變動。一般散戶交易者如果想要賺幾塊錢，務必要記住，他是與全世界最佳交易者同台較勁。這些交易者是專業玩家，擁有最先進的設備、資訊、下單流程、經驗、資本與購買力，使得他們享有顯著的優勢。這些人可能是造市者（market makers）、避險基金經理人、專業報價商（specialists）、機構交易員、精明的個人交易者、場內交易員、大型廠家等。他們有能力驅動價格走高或支撐價格，換言之，他們在某種程度內，可以操縱價格，有時會讓你覺得他們對於某種價格走勢存在既有利益；有時又會隱匿意圖。他們的目標是賺錢，而且你將協助他們達到這個目標——至少他們認為如此。

　　總之，你必須瞭解市場上存在許多專業玩家，每次進出單口契約的散戶交易者，成功的機會顯然不如那些擁有數百萬資本的機構，例如：美林公司（Merrill Lynch）。專業交易者每個月可能花費數千塊錢來取得所需要的配備、軟體、資訊與直接下單服務。然而，某些人只憑藉報紙取得報價與資訊，卻希望與那些專業玩家爭食。不妨想想看，假設你從事原油交易，帳戶內只有$5,000，你的競爭對手包括場內交易員，他們的帳戶資本最起碼有$5萬，還有交易資本高達數百萬的避險基金，甚至是艾克森石油公司（Exxon）。在這種情況下，你認為誰的資本比較充裕，誰的成功機會較高？機構盤房內的交易員，可能坐在4、5個大螢幕前面，不只看著期

貨報價，也看得見現貨價格。除了報價之外，螢幕上顯示各
種必要的走勢圖，還會隨時提供相關新聞，甚至可以操作特
定的交易分析系統。很多機構都聘請分析師專門建構與測試
交易系統，隨時根據市況調整系統。相形之下，一般交易者
可能只有一把尺與價格走勢圖而已。

整平競技場

　　如果你對於金融交易的態度很認真，就必須想辦法與專
業玩家在同一個場地上競爭。因為每個人都會想盡辦法求
勝，所以你必須確實掌握自己的優勢。如果你的對手都使用
火箭、大砲，你當然不希望使用刀棍。機構法人的資金充
裕，擁有最新的科技設備，能夠隨時取得最即時的報價、新
聞與資訊。一直到最近，當網際網路運用日益普遍之後，一
般交易者才能取得某些類似的工具。各位不妨想想看，如果
專業交易者花費大量金錢取得這些玩意兒，你認為這些東西
對於交易會沒有幫助嗎？現在不論預算多麼有限，任何人幾
乎都可以踏上原本屬於大型玩家獨享的競技場。透過網際網
路，一般散戶只要花費相對便宜的代價，就可以取得過去只
有法人機構才能運用的資訊與工具。某些東西雖然不是完全
免費，甚至價格相當昂貴，但至少是花錢買得到，很多交易
相關軟體可以協助散戶交易者。不幸的，雖然有很多即時資
訊可供運用，但初學者經常還是使用免費而不夠及時的報
價、走勢圖與新聞系統。一些速度不夠快的電腦或老舊軟
體，只要不能顯示即時資訊，就可能影響最根本的操作績
效。不久之前，我仍然當經紀人時，往往必須整天提供電話

報價，甚至必須把走勢圖傳真給客戶。現在，交易者已經可以自行取得這些資訊，所以也應該充分利用這些功能。如果你希望與專業玩家在同一個競技場上較勁，就必須考慮支付一些費用取得某些工具；沒錯，這涉及一些花費，但可以顯著改善操作績效。

網際網路與線上交易

　　目前，線上交易愈來愈普及，網路經紀商提供的費率折扣也愈來愈大，很多初學者相信他們可以擁有過去只能想像的專業配備，於是積極進場從事交易。就在短短幾年前，非專業玩家幾乎不敢想像能夠查閱即時報價、走勢圖與新聞；現在，幾乎每個人都可以辦到。目前的科技進步，雖然未必能夠讓你成為最佳交易者，但至少可以讓你更精準的從事短線交易。當然，這不表示大家都可以賺錢，但每個人至少都有機會。

當日沖銷變得更簡單

　　過去，當日沖銷可以說是專業玩家與場內交易員的專屬遊戲，但隨著線上交易普及化、科技進步、即時資訊、佣金費率降低、交易流動性提高、每天價格區間擴大，一般交易者也有能力從事當日沖銷。當我剛開始從事交易時，情況並非如此，因為取得必要資訊與走勢圖的費用實在太高了。當時，如果S&P 500出現6點的走勢，就算是大行情，而且佣金

費率也很高，一般交易者根本不足以進行當日沖銷。目前經常可以看到15點、20點，甚至30點的盤中走勢，再加上網際網路提供的效益，以及偏低的佣金費率，一般交易者都有機會透過短線交易賺錢。然後，由於參與短線交易的人愈來愈多，市場流動性也隨之提高，買賣報價之間的價差縮小，造市者與專業報價商過去享有的顯著優勢也不斷流失，而一般散戶交易者的成功機會持續改善。

線上交易

　　當我還在從事期貨經紀業務時，一般交易者對於線上交易的熱衷程度讓我覺得非常訝異。線上交易意味著他們可以避開經紀人，支付較低的佣金，交易成本可以降低一半左右。對於有經驗的投資人來說，代表顯著進步。那些從事線上交易而不需要經紀人建議或提供服務的人，似乎愈來愈多了。除了成本問題之外，很多人也不願意與經紀人打交道，尤其是那些喜歡勉強客戶的經紀人。某些人喜歡根據自己的想法進行交易，不想考慮經紀人的感受。他們希望享受獨立判斷的樂趣，而且——如果有必要——可以不斷取消原先的指令而不會覺得不好意思。

　　線上交易對於整個經紀業務造成革命性的變動，對於一般散戶來說，顯然是很有利的發展。不過，話說回來，我不建議初學者從事線上交易。剛開始，有很多東西必須學習，很多地方可能出差錯；就這些方面來說，經紀人絕對可以提供協助。除了一些不當的心理之外（例如：追價買進），某

些初學者可能還搞不清楚限價單與市價單的差別，甚至不知道股票的報價代號，或期貨契約什麼時候到期。

線上交易的效益

降低佣金費率

隨著線上交易的普及化，交易成本顯著降低，這對於一般交易者誠屬一大福音。請注意，不只是折扣經紀商的費率降低而已，那些提供綜合服務的經紀商也調降費率。

速　度

關於電子化期貨契約與那斯達克股票，交易撮合通常在幾秒鐘之內就可以回報。甚至其他市場，由下單到回報之間的執行速度也顯著加快。總之，對於一般玩家來說，交易變得比較簡單。

彈　性

不論是遞單、改單、暫停或取消，所有的動作都變得很簡單，沒有必要每次都打電話給經紀人。

沒有壓力的交易

線上交易讓你沒有必要應付經紀人的囉唆，因為經紀人為了本身佣金收益的考量，經常會提供一些不切實際的建議，甚至鼓吹你結束理想的部位。

資　訊

開設線上交易帳戶之後，關於新聞、報價、走勢圖、基

本面資料、研究報告等資訊的取得，都沒有必要支付額外費用。只要用滑鼠點一下，幾乎就可以取得你所需要的任何資料。

部位追蹤

現在，你可以隨時追蹤交易部位的狀況，這不是我當初從事交易所允許享有的待遇。

線上交易的缺失

初學者仍然需要指導

除非對於交易相關事項已經得心應手，否則仍然要透過傳統經紀商進行交易。這些經紀人沒有必要提供全套服務，但至少必須能夠在電話另一端隨時提供建議或警告，提醒你避免觸犯一些常見的錯誤。

對於交易指令不熟悉

除非你已經熟悉各種不同型態的交易指令，否則經紀人的指導仍然很重要，因為初學者經常誤用交易指令。

缺乏風險控制的概念

多數交易者最後之所以成為輸家，最重要的理由之一，就是缺乏風險管理的觀念。如果沒有適當的監督與指導，初學者很容易陷入無底黑洞。一位勝任的經紀人，可以及時提供警告，這是線上交易平台所沒有的功能。

容易出現交易過度頻繁的情況

坐在電腦螢幕前面，隨時可以看到最新的即時報價、新聞與走勢圖，很容易讓人失去控制。你也許會自認為是專業玩家，於是不斷進行交易，承擔過多的風險。請注意，線上交易並不代表你必須不斷進行交易。如果你想成功，務必要確定自己不會過度交易。

交易工具

只有大玩家才能擁有即時資訊的時代已經過去了；現在，只要銜接網際網路，幾乎每個人都可以取得即時資訊。不論你需要什麼，幾乎都可以在網際網路上找到。雖然大部分資訊仍然需要付費，但也有很多免費資訊。免費與付費資訊之間的最大差異，通常只在於使用的方便性與時間落差而已。如果你不需要即時資訊，就可以完全免費取得所有的新聞、報告、走勢圖與報價。網際網路上提供的服務，分為很多不同層次，舉例來說，有的很簡單而粗略，可供一般運用，另一些則很詳細而特定，只適合運用於甘氏理論或艾略特波浪理論分析。

報價與走勢圖

報價與走勢圖是絕對必要的工具，否則只能盲目交易。報價只能讓你瞭解當時的交易價格，如果想知道整個市場的狀況，就必須取得走勢圖：一份圖形勝過千言萬語。網際網

路上有很多免費提供報價與走勢圖的網站，但如果你想取得
真正好的即時走勢圖，恐怕還是要支付費用。

我多年以來都一直採用TradeStation做為繪圖平台。這顯
然不是最便宜的交易軟體，因為TradeStation除了提供走勢圖
與報價之外，還有編輯與測試交易系統的能力，而且還能隨
時提供交易訊號。

手工更新書面走勢圖

　　不論你是否擁有最先進的電腦繪圖系統，每位交易
者都應該保留書面走勢圖，並且利用手工更新資料，如
此才能更確實的掌握市場脈動。書面走勢圖可以提供電
腦所不能提供的臨場感覺。商品研究局期貨市況報導
（CRB Futures Perspective，www.crbtrader.com）每天都提
供很棒的期貨走勢圖，我大約每個月購買一次圖形，然
後透過手工方式更新資料。此外，我也會準備一份手繪
的月線圖，隨時與市場保持必要的接觸。不久之前，一
般交易者都必須利用手工方式更新走勢圖資料，但現在
只要透過網際網路就可以在收盤之後取得最新的走勢
圖。你最起碼也必須把這些走勢圖列印出來，儘可能透
過手工方式更新資料或繪製趨勢線。書面圖形絕對不同
於在電腦螢幕上看到的走勢圖，前者更能傳達真正的行
情脈動。

新　聞

如果你想知道某支股票或商品為什麼出現某種走勢，你

或許需要另一種資訊：新聞。每當行情出現異樣走勢，我都想知道是什麼。雖然我的交易風格不特別重視消息面，但還是希望知道最新的狀況或目前交投最熱絡的股票。我大多透過新聞網站取得必要的資訊，但實際從事交易時，卻很少留意新聞網站，所以我總是讓電視打開著，整天都對準CNBC頻道。CNBC能讓我隨時瞭解市況的演變或表現（但很遺憾的，不能讓我預先知道行情發展）；而且整天與十二位男同事關在房間裡，電視女主播也頗能調節疲憊的心情。

系統編輯軟體

如果你對於金融交易的態度很認真，最好找一套能進行歷史測試的交易軟體。我個人非常喜愛TradeStation。這套系統不只能夠提供即時的報價與最先進的繪圖軟體（本書的所有走勢圖都由TradeStion提供），還允許使用者自行創造技術指標，並編輯軟體進行歷史測試，讓你在實際投入資本之前，能夠利用歷史資料測試交易系統的運作狀況。就我個人而言，TradeStation是一套不可或缺的工具，這套軟體可以讓你編輯最簡單的移動平均穿越系統，以及任何你能夠想像的最先進指標或系統。

如果你想改善交易績效，TradeStation是一套值得考慮的系統。相較於其他交易軟體，這套系統或許較難使用，費用也稍高，但也是最標準的配備。

時代已經不同了

當我剛開始透過電腦閱讀走勢圖時，當時還採用486系統與13吋螢幕，並利用數據線接撥方式取得即時報價。我每個月支付\$1,000，並認為這已經是最好的服務了。不久，我開始採用TradeStation系統，每當我要叫出某份圖形，大概要等幾秒鐘，相關的走勢圖才會顯示在螢幕上，但我仍然認為這已經是最好的配備了。從現在回顧過去，實在難以想像當時的設備是多麼落伍。只不過是幾年時間，整個情況已經截然不同了。電腦運算速度變得更快，程式變得更精密，你幾乎可以取得任何需要的東西，而且非常便宜。不再是一部超慢的電腦與小螢幕，我現在擁有兩套電腦與三座大型螢幕，分別顯示相關的走勢圖、新聞、報價與部位。對於我而言，多螢幕系統很重要，因為我需要同時留意幾支股票與幾個期貨市場的走勢，同時還要知道即時報價、新聞與部位狀況。相較於過去，難免驚訝科技進步帶來的改變。如果我還必須運用過去的老電腦，我想我會瘋了。

除了適當工具之外，還需要一些其他輔助

擁有最好的配備，未必就代表成功。適當的配備絕對是一種資產，但你仍然需要學習如何從事交易、管理風險，培養紀律規範。「工欲善其事，必先利其器」；所以，不要在配備上太刻薄自己。不妨狠下心購買最好的電腦、最即時的資訊、最好的軟體，還有即時報價。我大約琢磨了一年左右，最後才決心花費\$3,000購買TradeStation。然後，立即運用這套軟體測試過去的交易系統，結果才瞭解我之所以虧錢

的原因所在。我的某些交易點子根本沒有用。原本以爲有用，但利用歷史資料進行測試之後，才發現情況並非如此。經過這類的評估之後，我決定拋棄這些交易方法，重新設計一些新的系統。相較於我因此而節省的虧損，這套軟體的費用根本算不上什麼。

可是，交易工具不代表一切。即使擁有適當的工具，業餘玩家未必就能在同一競技場上競爭，也未必就享有專業玩家擁有的優勢。專業交易員幾乎不需支付任何佣金，但佣金卻是一般散戶進行短線交易的最大負擔。另外，機構交易者享有一些優勢，他們可以直接打電話到場內，取得精確的買／賣報價或其他資訊，甚至可以與場內辦事員之間保持整天暢通的電話；這些交易者享有優惠待遇，因爲他們的交易規模很大。某些機構交易者甚至直接派人進入場內，確保交易指令執行的速度與效率。

專業玩家VS.一般散戶

佣金與其他類似服務的費率，是區隔專業玩家與一般散戶之間的最大關鍵之一。透過線上交易，一般散戶支付的期貨佣金來回一趟可能是$12，股票每趟可能是$8，這已經算很便宜了。可是，如果與專業玩家比較，前述的佣金費用就顯得非常貴。我們知道，場內交易員或經紀商本身，除了支付清算費用，根本就不需支付眞正的佣金。撇開這些人不談，即使是避險基金、期貨交易顧問與各種類型的大玩家，他們所支付的佣金也只不過是一般散戶的零頭。因此，對於

一些不是很大的行情，這些專業玩家仍然能夠獲利。**一般交易者之所以贏少輸多，最主要的原因就是佣金**；即使是線上交易，佣金仍然是侵蝕利基的最重要因素。如果一般散戶也適用專業玩家的佣金費率，結果恐怕就大大不同了。

除了費用較低之外，專業玩家也享有特別的服務。大額玩家是經紀商競相追逐的客戶，意味著他們享有特殊待遇與最佳服務。他們往往可以跳過經紀人，直接打電話到場內；可以取得精準的報價，然後根據這些報價下單。一般散戶如果向經紀人詢價，經紀人都是根據螢幕上的報價提供資料；在這種情況下，當交易指令轉到場內時，報價通常都會有一些出入。兩者相較，成交價格可能出現1、2檔的差異；這些差異看起來或許不大，但經過日積月累，長期效應就很可觀了。

專業玩家的購買力在市場上也佔有優勢。一般散戶買進時，對於市場無法造成任何影響。可是，當某家共同基金買進股票，往往足以驅動行情。專業玩家可以先默默吸貨，建立必要的部位，然後才公開表明買進的意願與動機，吸引其他買盤進場抬轎。他們可以開始大單敲進，吸引其他交易者跟進。大型機構可以彼此探聽市場動態，瞭解股票的買盤究竟來自何方、動機何在。通常一般散戶都是後知後覺，等到他們知道時，行情可能已經結束。

基於前述與其他種種原因，一般散戶實在很難佔便宜，這也是為什麼散戶必須想盡辦法整平競技場的理由。

成為最佳交易者

如果你希望成為最佳交易者，近幾年來已經變得比較容易一些了。現在，一般散戶擁有的資訊，大體上已經無異於大玩家。回溯幾年之前，當個人電腦與網際網路仍然不普遍時，當日沖銷可以說是少數專業玩家的專利。甚至是長期交易者，通常也很難找到現成的日線圖，除非到經紀商或圖書館查詢，要不然只能靠手工繪製。現在，這都在可能範圍內。成為最佳交易者，表示你必須盡力利用先進的科技與資訊。就我個人來說，投資一些適當的工具與設備之後，交易績效明顯改善。我不認為自己還能靠那些過去的老舊設備與方法進行交易。短線交易者尤其要運用每種可能的優勢。不要在意支付一些代價，這是做生意必須花費的成本。另外，在不犧牲服務品質的範圍內，儘可能壓低佣金費率。務必記住，你的主要競爭對手都幾乎不需支付任何佣金。你所支付的運金愈低，在心理上就愈容易認賠，因為不需要考慮太多的佣金成本。

雖然線上交易是最便宜的交易管道，但在沒有監督的情況下進行交易，首先必須熟悉所有相關事項。然而，當你對於交易已經得心應手之後，絕對應該享受線上交易的廉價成本。

最後，不論你做什麼，都務必記住，你的真正競爭對手都是最佳交易者，他們擁有充裕的資金、豐富的經驗、先進的科技設備，以及最週全的資訊管道，所以你必須想辦法踏

上專業競技場。你所能夠採取的每一個小步驟,或許都可以讓你更接近成功。

交易者為何不能踏上專業競技場:

1. 缺乏適當的科技設備。
2. 缺乏經驗。
3. 缺乏即時資訊。
4. 缺乏適量的交易資本。
5. 交易執行速度太慢。
6. 沒有管道可以進入場內。
7. 佣金費率太高。
8. 欠缺交易規模與購買力。

有助於整平競技場的因素:

1. 準備充裕的資本。
2. 取得即時報價、走勢圖與新聞。
3. 儘量運用網際網路的效益。
4. 裝設迅速、可靠的網際網路。
5. 充分利用網際網路上的免費資訊。
6. 透過手工更新走勢圖。
7. 充分利用線上交易的優點。
8. 儘量壓低佣金費率。
9. 採用具備編輯功能的交易軟體。
10. 採用高速度的電腦系統。

值得提醒自己的一些問題：

1. 我是否擁有必要的工具？

2. 我是否需要更快速的電腦？

3. 我是否需要即時報價？

4. 我的交易成本是否太高？

5. 我是否應該在線上交易？

運 用 消 息 面

第4章

根據消息面進行交易

1999 年2月份《期貨》雜誌（*Futures*）的封面故事，是一篇有關原油價格走勢的報導：「原油的慘境，價格可能跌到多低？」在不到兩年時間內，原油價格由$27跌到$10以下，這篇文章預測行情將持續低迷。根據報導，原油供給顯然過剩，需求幾乎不存在，石油輸出國家組織（OPEC）無法就石油減產問題達成共識，另外還有聖嬰現象帶來的暖冬。石油「專家們」不認為油價在短期之內有顯著走高的可能性。可是，各位不妨看看圖4-1顯示的後續發展；事實上，這篇文章剛好標示原油空頭市場的底部。文章報導之後，油價開始向上飆漲到近十年的最高價，只稍低於波斯灣危機的峰位。教訓？你所看到或聽到的報導，未必全然可信。重大新聞或報導，往往是精明資金準備出場的訊號。

基本分析者與技術分析者

交易者大體上可以分為兩派，一是根據走勢圖進行交易

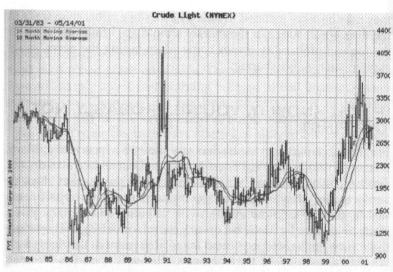

圖4-1 原油月線圖：底部的預測往往最悲觀

的技術分析者，一是根據新聞與根本經濟狀況進行交易的基本分析者。當然還有兩者兼顧的中間份子，不過這些人在本質上仍然分別隸屬於基本分析者或技術分析者，只是利用另一者做為確認因素。技術分析者可能透過基本面因素來評估市況，或判斷多空走勢是否發生根本變動。就我個人為例，我是技術分析學派的忠實信徒，但仍然想知道市場為什麼會出現某種走勢。如果根本經濟狀況發生變動，整個市場走勢方向也可能隨之變動，所以基本面因素還是很重要的。

　　基本分析者大多是長期交易者，通常他們都在基本經濟狀況發生變動的情況下才會調整部位。他們根據基本面因素來判斷整體行情方向，不會針對短期因素進行交易。某些短

線交易者相信，市場的每個價格走勢都受到特定消息面的驅動。可是，大多數股價走勢都不是源自於盈餘預期的變化，穀物市場的每個走勢也不完全受到最新氣候條件的影響。如果一個人完全依據所聽到或讀到的東西進行交易，恐怕會輸多贏少。經驗告訴我們，市場未必會出現應有的反應，很多專業玩家在交易過程中並不重視實際的新聞發展；反之，他們比較重視市場對於新聞事件的反應。一般來說，當新聞事件發生時，如果市場沒有出現預期中的反應，專業玩家通常會逆著預期方向進行操作。我發現，很多高勝算交易都源自於這類的逆勢操作，本章稍後會詳細解釋這點。

你得知的消息，通常都不是最新消息

　　關於新聞事件的運用，大多數新手的方法都不正確：很多人讀到《華爾街日報》的報導，可能就依此建立部位，完全沒有想到該新聞可能在幾天或幾個星期之前就已經反映在市場上了。他們沒想到大型交易機構的一些部門，他們的工作就是挖掘最新消息。這些機構有自己的氣象分析人員，他們負責撰寫的長期氣象報告，很可能就是一般交易者由網際網路上得知的「新聞」。這些機構也有自己的經濟分析人員，通常能夠在一般大眾之前得知基本面的變化。更重要的，他們往往能夠掌握真正的消息來源。不妨這麼想：一般大眾得知的新聞，通常都由某個消息來源聽到或讀到的。這意味著某些人已經先得知這些消息了。舉例來說，你看到路透社的一段報導，這段報導必定是由某位記者取得，所以這位記者比你早知道這項新聞；這位記者顯然也必須由其他來

源取得消息，所以還有人比這位記者早知道消息。依此類推，當你在電腦螢幕上看到新聞時，這則新聞事件不知道已經發生多久了，一些大型交易機構與主要玩家可能都已經進場做了必要的安排。

當一般大眾得知新聞時，新聞通常已經不再新鮮。你經常可以發現市場突然出現某種走勢，但不曉得為什麼，唯有稍後才得知相關的新聞報導；可是這時你已經來不及做反應了，所以很多人乾脆不理會新聞。絕對不要去追逐新聞事件驅動的行情；應該靜待市場充分消化新聞事件，然後才決定自己應該如何反應。即使錯失某個機會，市場永遠還有其他機會。如果你剛好持有相關部位，千萬不要太過興奮或恐慌。同樣的，讓市場稍做沉澱之後才決定如何反應。

範例：大眾總是最後得知

讓我藉由一個例子說明市場大眾總是最後得知新聞，而且相關新聞發佈時，價格通常都已經預先反映了。最近，我曾經交易藍伯斯股票（Rambus，RMBS，請參考圖4-2）。非常幸運，我站在正確的一方。我放空這支股票，然後股價就像突然跌落萬丈深淵。當天早上，由於就業數據不理想，大盤開低（請參考圖4-3），但不久之後就向上翻升，而且整天基本上都處於漲勢。由於我持有不少多頭部位，希望透過一些空頭部未來做平衡，於是我想找一些相對弱勢股。藍伯斯是不錯的對象，因為它沒有顯著隨著大盤向上翻升。我覺得這支股票有些不對勁；我不知道究竟是什麼原因，而且也不想知道。總之，在我的電腦螢幕上，RMBS是一支相對弱勢

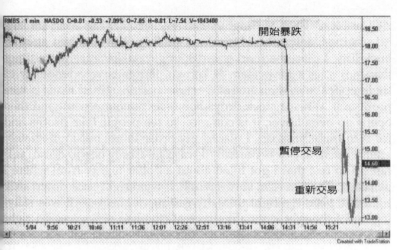

圖4-2　S&P 500 5分鐘走勢圖：利空消息之後的強勁走勢。

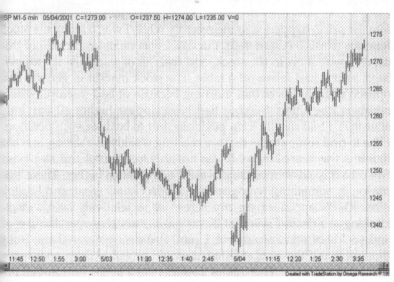

圖4-3　S&P 500 5分鐘走勢圖：壞消息之後大幅翻升。

股。看著1分鐘走勢圖，RMBS顯然不像其他股票那麼強，所以我在下午1點鐘左右放空該股票。當時雖然沒有出現重大走勢，但我認為只要大盤回檔，RMBS的跌勢應該相對較深。大約2:30左右，RMBS突然開始暴跌，我不知道什麼緣故；隨後12分鐘內，股價大約跌了$3。我知道一定是發生了什麼新聞，否則股價不應該出現這種走勢。不久，那斯達克當局宣布該股票暫停交易，因為有重大新聞即將宣佈。大約經過1小時，最後在3:40左右，新聞終於公佈了：法官駁回藍伯斯對於另一家科技公司的侵權控告；股票恢復交易。

恢復交易之後，股價又繼續下跌1塊半左右。我遞入市價單回補空頭部位，因為新聞一旦正式公佈，股價通常都會朝相反方向發展，而且我在這個部位上的獲利已經不錯了。股價在新聞公佈之前大跌，新聞公佈之後又繼續下跌，絕對會引來獲利了結的回補買單。我在股票恢復交易之後立即遞出市價單，而我顯然不是唯一試圖回補的人，因為實際撮合價格較遞單當時的價格高出$1。當然，在我回補出場之後，股價又開始下滑。我認為自己的判斷沒錯，新聞公佈之後，藍伯斯應該可以擺脫利空消息的糾纏價開始回升。

由這個例子可以發現，很多人已經預先知道股票將因為公佈重大消息而暫停交易：在新聞公佈的一個半鐘頭之前，某些人已經大量拋售或放空。當交易大眾實際得知新聞時，股價已經跌了$3。這些人何以能夠預先得知消息呢？在股票暫停交易之前，他們為什麼來得及出脫或放空股票？原因可能很多，某些籌碼可能來自股票造市報價商，某些交易機構

可能有內線安排在該公司內。當法庭即將做出重大裁決時，一些大玩家可能會與該公司內部人士隨時保持聯絡。不論實際的原因究竟是什麼，重點是某些玩家在大眾得知消息之前已經採取行動了。當天的股價跌幅為20%，但大多發生在消息公佈之前。除非預先得知消息，否則當消息實際公佈時，根本來不及採取行動了。

謠言傳播時買進，消息成真時則賣出

關於消息面驅動的行情，很多人根本不知道如何因應。我看過太多這類的例子：交易者聽到某個新聞，然後看到價格出現巨幅波動，立即就跳進場，深怕錯失機會。結果，他們通常都買在最高點，只能懊惱看著價格回檔。如果你已經有一些交易經驗，就應該聽過一種說法：「謠言傳播時買進，消息成真時則賣出。」很多老手只留意價格的實際表現，然後針對消息面發展採取逆向操作。他們知道市場價格已經反映消息面事件，一旦消息正式公佈之後，預期心理就不復存在。沒有預期心理，人們就會獲利了結，導致價格反轉。真正的行情都發生在消息公佈之前；消息公佈之後，已經無利可圖，精明資金自然會出場。

價格該跌而不跌，就會上漲

消息本身的影響未必那麼大。真正的重點是相關交易者的部位如何，以及他們如何預期消息面的發展。消息公佈

時，精明的玩家會留意市場與其他交易者的反應。原則上，當利空消息公佈時，如果股票或商品價格不跌反漲，這代表多頭的徵兆，應該買進。這可能意味著市場已經預先反映該消息了。反之，如果股票或商品沒有因為利多消息而上漲，可能就應該放空。總之，消息本身的內容不特別重要，重點是市場究竟如何反應。有經驗的交易者都會先觀察消息公佈之後的市況發展，再採取適當行動。他們希望市場沒有出現預期的反應，才適合逆向操作。市場對於特定利多或利空消息的預期愈高，順著該消息方向進行交易的潛在傷害也愈大。如果市場預期某項利多消息，價格可能會預先上漲；換言之，價格已經預先反映利多消息。每當消息公佈時，既有的行情趨勢往往就會告一段落，這是因為市場早就有所預期，而消息面又正如預期般的發展。利多消息公佈之後，行情經常不能繼續上漲，一方面是因為準備進場的多頭都已經進場了，沒有剩餘的買盤可以繼續推動價格走高。當最後的傻瓜進場時，精明資金當然知道這是獲利了結的時候了。如果市場發展完全符合消息公佈之後所應有的反應，那就應該等待情況稍微沉澱之後，再決定應該採取什麼行動。如果你過早進場，很可能陷在價格高峰或谷底。

就在RMBS暫停交易當天所公佈的就業月份資料中，新申請失業救濟人口創十年來的新高。受到這項利空消息的影響，股票市場開低，道瓊指數很快就下跌100多點，S&P指數則下跌20點左右（參考圖4-3）。可是，沒有多久，股價就呈現跌不下去的盤面；大約在10點前後，指數開始反彈。結果，道瓊指數當天收盤上漲148點，S&P指數上漲18點。這個

例子充分說明如何針對消息面進行交易。消息面很差，但市場出現抗跌走勢，所以應該買進。就走勢圖觀察，S&P開盤下跌17點，然後又稍微下跌一些。可是，半個小時之後，指數就沒有再創新低，然後開始反彈。不論利空或利多消息，如果市場開盤出現極端反應，但接著沒有出現後續的跟進走勢，最好就根據消息面進行逆向操作。如同走勢圖所顯示，指數欲跌而不能，於是向上突破。這意味著市場開盤反應過度，隨後發現消息面的重要性不如預期，股價既然不能繼續下跌，自然就向上反彈。這時人們開始回補空頭部位，甚至反手作多。另外，這目前這個例子來說，利空消息也可以解釋爲利多，因爲經濟狀況轉弱，很可能鼓勵聯邦準備銀行採取刺激性的利率政策。

究竟是利多或利空消息？

究竟何謂利多消息？其定義具有濃厚的主觀意涵，因爲經濟利多消息可能導致聯邦準備銀行採取緊縮性政策。事實上，經濟消息本身的重要性，似乎不如聯邦準備銀行對於該消息可能採取的因應行動重要。如同前述例子提到的利空就業資料，交易者必須謹慎解釋。沒錯，就業資料本身確實顯現經濟狀況不理想，但也意味聯邦準備銀行可能因此調降利率，最起碼不會因此調升利率。我們還可以見到一些其他類似例子，例如某企業宣布裁減員工。通常代表該公司的營運狀況不理想，但裁員可以節省成本，有助於未來的盈餘。所以，這類消息雖然被歸類爲利空，但經常造成股價上漲。

市場經常會走自己的路

　　某些重大意外消息的影響方向，往往會與市場的既有走勢方向相反。消息發生當時，市場的立即反應可能是重大調整，但只要市場參與者冷靜下來，對於整個情況做深入評估之後，行情經常又會朝既有趨勢方向發展。舉例來說，一支處於下降趨勢的股票，在盈餘高於預期的利多消息刺激之下，股價只能做小幅反彈，然後又恢復下降趨勢；我們見過太多這類的例子。消息本身並不重要，市場的反應才是重點。唯有經過技術面的確認，才可以採信基本面的消息。很多交易者會堅持某項新聞或報導的意涵，完全不理會市場實際反應。事實上，市場根本不會理會你、我的看法；市場會走自己要走的路，而不是你、我認為它應該走的路。如果市場擺脫消息面的影響而恢復既有趨勢，交易者就應該把消息面擺在一旁，跟著市場走。

預料之外VS.預料之內的消息

　　請參考圖4-4，聯邦準備銀行於2001年1月3日突然宣佈調降利率，市場原先沒有料到這項行動。各位不妨看看市場對於這項意外消息的反應。經過長達幾個星期的下跌走勢之後，指數因為這項意外利多消息而大漲。當股價大幅反彈時，我剛好在30分鐘之前大量放空股票，這些股票也立即讓我每股損失$5到$10。調降利率的消息讓股價筆直上升，S&I指數上揚70點左右。調降利率意味著聯邦準備銀行已經體認

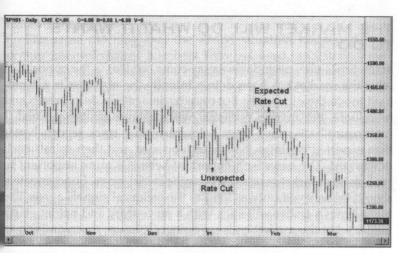

圖4-4　S&P 500日線圖；預期內與預期外的利率調降。

當時的經濟狀況很差。隔了幾天，當激烈的反應逐漸平息之後，市場又慢慢恢復下降趨勢。又經過幾天，人們開始預期聯邦準備銀行將在1月31日的公開市場操作委員會再度調降利率，於是股價走勢又開始轉強。1月31日，聯邦準備銀行確實宣佈調降利率，但這屬於市場預期內的行動，所以股價並沒有因此上漲。反之，當消息公佈之後，賣壓立即湧現，當天走勢形成短期頭部。非常有趣的，兩個完全相同的消息發生在不同背景下，市場的反應截然不同。消息完全相同──聯邦準備銀行調降貼現率50個基點──但其中一次造成指數暴漲，另一次則使得股價不漲反跌。爲什麼？就第二次調降利率來說，市場早就預期聯邦準備銀行會在1月31日定期會議之後宣佈調降利率，而且行情也預做反應，股價已經上漲了幾個星期。所以，當預期消息公佈之後，市場已經沒有

可期待的了。就這個例子來說，精明資金趕忙說「謝謝」，然後就出場了——因為「謠言傳播時買進，消息成真時則賣出」。

充分運用經濟基本面的消息

藉以建立宏觀看法

如果你準備運用消息面進行交易，方法上就要正確——不要見「樹」不見「林」。舉例來說，假設你聽到洪水氾濫的消息而準備買進黃豆，千萬要記住，美國中西部不是黃豆的唯一產區。阿根廷的黃豆收成如何？歐洲的情況怎麼樣？其他產區是否可以彌補不足？全球的黃豆需求如何？庫存量是否很多？沒錯，氣候條件會影響穀物收成，但不要預期市場會只因為氣候條件而暴漲；所有的條件彼此配合之後，才會產生大行情。如果你打算運用基本分析，就必須綜觀特定消息對於整個市場的影響。偷懶的交易者經常只看見一小部分的拼圖。

舉例來說，交易原油時，你必須瞭解目前的產量、庫存量的變化、石油輸出國家組織的態度（增產或減產），以及氣候狀況。所有這些因素都會影響原油價格，你必須綜合分析，才能判斷行情的大方向。舉例來說，如果庫存量很高，產量繼續增加，冬天不會很冷，那麼原油價格可能趨跌，你應該站在空方交易原油。

關於股票交易，除了個別公司的狀況之外，你還必須瞭

解大盤走勢與整體經濟發展。該類股的表現如何？零售銷售趨勢如何？消費者信心如何？利率走勢趨於上升或下降？國內生產毛額是否處在上升趨勢？就業情況如何？所有這一切都可能影響行情，但你也不要過份追究每項經濟數據。就我個人來說，只需要透過基本經濟數據來判斷整體股票市場的大方向就夠了。

針對預定公佈的經濟數據進行交易

預定經濟數據即將公佈時，高勝算交易者應該保持空手。這些經濟報告可能導致行情上漲或下跌，沒有人確定市場的反應方向，所以不應該徒增困擾而持有部位。你不應該試圖猜測市場的反應方向，否則就變成賭徒，而不是交易者。當然，這些評論基本上是針對短線交易者而言，因為我不相信任何單項經濟數據可能影響長期股價。

如何針對預定公佈的消息進行交易呢？我個人的態度如下：**觀察消息即將公佈之前幾分鐘的市場走勢，當時的走勢方向代表整體市場對於該消息的預期看法**。如果所公佈的消息符合預期，也就是市場應該出現的走勢方向，任何意外都會導致相反方向的走勢。如果消息符合預期而市場不能持續先前的走勢，最好就採取反向操作的策略。

很多情形下，當消息公佈時，市場可能出現急漲走勢，但很快就拉回，隨後可能繼續下跌，但也可能翻升而展開另一波漲勢。任何高勝算交易都不應該承擔沒有必要的風險；在行情明朗化之前進場，實在太過危險。最好還是暫時觀

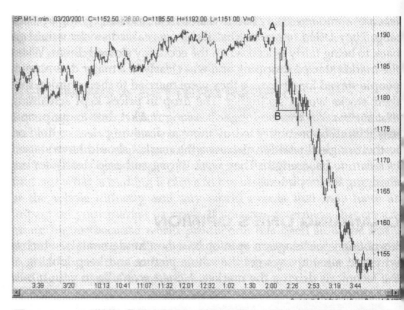

圖4-5　S&P 500指數1分鐘走勢圖：針對市場——而不是新聞——進行交
　　　易。

望，等待情況沉澱而市場出現明確方向之後才進場。過去，
我曾經針對最初的急漲走勢進行交易，但失敗的成分總是居
多，現在我已經學會稍做等待了。即使等到市場選定方向，
通常都還有不錯的賺錢空間。圖4-5就是很典型的例子。2001
年3月20日2:15（圖形標示A點），聯邦準備銀行宣佈調降利
率。雖然這屬於利多消息，但早在市場預期之內。所以，在
消息公佈當時，股價出現急跌走勢。可是，15分鐘之後，股
價開始回升，反彈高點雖然穿越消息公佈之前的股價水準，
但穿越幅度不大。不久，反彈走勢告一段落，股價又開始下
滑。這時你大概可以歸納結論：在利多消息刺激下，股價雖

然嘗試走高，但無法有效向上突破。也就在這時，你可以開始考慮放空。沒錯，已經經過半個小時，但你也及時搞清楚市場的意圖。只要指數跌破先前的低點（B點），就可以進場建立空頭部位。這時市場已經充分消化新聞，而且也選定了方向，所以你不需要再考慮消息面，不妨完全針對市場進行交易。

不要堅持基本面的任何特定看法

太過強調基本分析可能產生一種副作用：交易者可能頑固的堅持某種看法，即使市場走勢並不認同，交易者也不願回心轉意。舉例來說，他們認為今年的氣候狀況很好，穀物應該會大豐收，所以穀物價格應該下跌。可是，經過幾個星期之後，雖然氣溫與降雨量確實維持完美狀況，但穀物價格完全沒有下跌的跡象。頑固的交易者可能繼續堅持原先的看法，甚至加碼。他們忽略了市場試圖傳達的訊息：「嘿，請注意，穀物價格繼續走高。你為什麼不買呢？傻瓜！」他們不斷強調氣象預測報告的重要性，相信自己的看法沒錯，但忽略中國大陸過去六個月來都沒有下雨，而且大量收購穀物。如果市場沒有出現應有的走勢，就代表有其他因素產生作用，千萬不要過份堅持特定看法。

我曾經看過太多這類的例子。很多人嘗試與市場抗衡，他們基於某些基本面的理由，認為市場應該出現某種走勢，結果傷痕累累。股票投資人經常如此。某人在$188買進股票，因為他相信該公司生產一種革命性的晶片，結果到了股價只剩下$4塊錢時，仍然堅持原先的看法。到了某種程度，

就應該承認自己的判斷錯誤，加入正確的一方。

　　當那斯達克市場在2000年3月開始崩跌時，很多人拒絕承認，因爲他們認爲經濟將持續繁榮，而且他們所投資的高科技與網際網路股票仍然一片看好。他們完全不瞭解，只要經濟成長趨緩，這些價值明顯高估的股票，很可能就會恢復合理價格。當股價開始下跌，甚至正式進入下降趨勢，還有很多人抱牢股票，因爲他們堅信股價還會走高。股票多頭行情顯然已經結束，但很多人把空頭行情視爲撿便宜貨的大好時機。他們一廂情願的堅持某種看法，甚至不惜與市場抗衡，結果付出慘重的代價。

改變看法

　　依據基本分析匯集而成的看法很難改變，這也是爲什麼你必須綜觀整體情況、留意技術面驅動因子的理由所在。走勢圖不會騙你：它告訴你市場是上漲、下跌或橫向發展。如果你作多某支股票，但股價走勢圖沒有向上發展、甚至下跌，那麼你認爲該股票應該上漲的種種看法都不成立。不要頑固硬拼，那是完全不值得的；立即認賠出場。當我發現自己的看法與市場走勢並不吻合時，我會嘗試問自己：「如果完全沒有部位，現在應該放空或作多呢？」這種問題會讓我瞭解自己不應該繼續持有錯誤部位；不過，瞭解是一回事，實際採取行動往往才是最難的部分。

學習客觀

關於基本分析的看法，如果想要保持客觀，就要儘量忘掉自己持有的部位。對於相同的消息，兩個人可能因爲部位不同而各有不同的解釋。舉例來說，假設某基本面數據顯示經濟狀況非常理想。持有多頭部位的人可能認爲：「哇！經濟狀況強勁，股票市場應該上漲。」反之，持有空頭部位的人則認爲：「嘿！經濟開始過熱了，聯邦準備銀行應該採取緊縮性政策，股票市場應該下跌。」就理論上來說，股票市場可能上漲，也可能下跌；可是，一切都以市場的實際表現爲準，你、我個人的看法完全不能影響市場。不要太執著於基本面因素，多關心市場的實際狀況，才能保持客觀的態度，更能掌握市場的脈動。

成為最佳交易者

想成爲最佳交易者，就要學習如何運用基本面的分析資料，以及如何根據消息面進行交易。首先要瞭解市場的基本面概況。不論交易對象是玉米、豬腩、日圓或個別股票，都要知道價格之所以朝特定方向發展的根本驅動力量是什麼。觀察整個產業或世界的狀況，留意可能影響行情或股價的事件。如果你能夠確定玉米過去兩年的產量太少，價格應該會上漲，那麼——相對於其他交易者來說——你就擁有一些優勢。你知道只要基本面狀況沒有變化，就應該由多方交易玉米。

　　此外，基本面看法應該得到技術面證據（走勢圖）的確認。就前述例子來說，如果玉米價格朝上發展，也就是說你的基本面看法或許有效；反之，如果玉米價格橫向或向下發展，就應該質疑產量太少的看法。玉米走勢或許還有其他更重要的影響因素；無論實際情況如何，如果基本面看法得不到走勢圖確認，千萬不要太過頑固。身為交易者，你必須保持彈性，隨時願意改變看法，因為行情瞬息萬變。金融交易不允許過份堅持的觀點。如果市場沒有出現應有的反應，那就出場，另外尋找交易對象。有太多的交易者之所以失敗，就是堅信市場對於特定消息面應該出現某種走勢，結果這種走勢始終沒有出現，或發生得太遲。

　　當新聞或經濟數據公佈時，千萬記住，市場價格很可能已經預先反映了。所以，如果市場走勢方向與新聞事件背道而馳，不要覺得意外，因為有些人會在消息確認之後獲利了結。如果你想針對消息面進行交易，那麼指標應該是市場的反應，而不是消息本身。針對新聞本身進行交易，勝算絕對不高——事實上，賭博的成分甚至超過交易。反之，當新聞事件發生時，首先要決定市場應有的反應，然後根據實際的反應進行交易。假定利多消息發佈而行情上漲，應該趁著價格拉回而買進。如果利多不漲，通常應該大膽放空。對於預定公佈的消息，不妨預先設定市場可能出現的各種反應；如此一來，不論市場的實際反應如何，你都早有準備。

針對新聞進行交易的問題：

1. 嘗試預測市場的反應。

2. 堅信某種基本面看法。

3. 喪失客觀性。

4. 忽略市場趨勢。

5. 陷在價格突兀走勢中。

6. 絕對不會是第一個知道消息的人。

7. 消息已經預先反映在市場價格內。

8. 賭　博。

如何增進基本分析方法的勝算？

1. 掌握完整的市況。

2. 運用基本分析決定行情的根本驅動力量。

3. 運用技術分析做爲輔助。

4. 運用基本分析判定行情的長期走勢方向。

5. 如果價格應漲而不漲，通常就會下跌。

6. 面對著新聞事件，不要害怕逆向操作。

7. 不要在新聞發佈之後立即進場。

8. 讓市場有機會消化新聞。

9. 金融交易不該以自己的看法爲準，而應該以市場的實際走勢爲準。

10. 保持彈性，願意改變看法。

11. 謠言傳播時買進，消息成眞則賣出。

12. 請記住，經濟利空消息可能市場的利多消息。

13. 不要抱著賭博心態：消息公佈之前，最好結束相關部位。

值得提醒自己的一些問題：

1. 如果手頭上沒有任何部位，我會買進或放空？

2. 這項消息應該導致行情上漲或下跌？

3. 我是否讓市場有充分的時間消化新聞？

4. 我是否過份堅持某種看法？

第 III 篇

技 術 分 析

第 **5** 章

運用多重時間架構增添勝算

第III篇準備探討技術分析，但此處只準備討論特定的主題；換言之，本篇內容未涵蓋技術分析的所有重要層面，只是我個人覺得有助於提高交易勝算的一些技術指標與型態。我們知道，技術指標與價格型態的種類很多，而且每個人的交易風格都不盡相同，所以讀者最好先瞭解整個技術分析的概況，再決定自己最適合哪些東西。由於作者打算討論的技術分析主題很有限，所以我建議讀者找幾本好的技術分析書籍，仔細研究其中內容。

雖然基本分析有助於交易者判斷市場走勢的大方向，但除非你知道某些事件確定會發生，否則很難擁有真正的優勢。反之，對於短線交易者來說，技術分析絕對是一項重要資產與優勢。技術分析者相信，任何足以影響行情的事件，都已經反映在價格走勢圖內。因此，很多交易者根本不理會消息面。他們認為只要是重要的消息，價格走勢圖就應該顯現出來，不需要任何消息告訴他們，某支股票應該上漲；他們可以由走勢圖上看出來。不論哪種消息，只要曉得如何判讀走勢圖，就可以知道行情的發展方向。即使是最純粹的基

本分析者，也應該可以受惠於價格走勢圖，因為走勢圖不只可以用來驗證消息，還有助於拿捏時效。

看著走勢圖很容易就可以看出價格目前是朝上、朝下或橫向發展；真正困難的，是如何運用技術指標、價格型態判斷未來走勢。相同一份走勢圖，五個人的看法可能各自不同，這也就是技術分析的難處所在。某些技術指標可以告訴你過去發生的事件，另一些指標則可以預測未來走勢。然而，不論哪種技術指標，它們都有一種共通處：**不可能知道明天的價格，所以相關預測絕不可能100%精確**。這也是為什麼不同人會由相同東西看出不同結論的緣故。

隨後幾章內容，我們準備討論幾種不同的技術分析交易策略：順勢、突破、反轉與區間交易。每種策略可能採用不同的技術指標，適用不同的交易風格。舉例來說，順勢策略與區間交易採用的技術指標可能不同，或透過不同方法運用相同技術指標。趨勢線與移動平均都屬於典型的順勢操作工具，區間交易則比較適合採用隨機指標或RSI之類的擺盪指標（oscillating indicators）。

關於技術分析，請記住一點，當你觀察價格走勢時，也必須同時留意成交量。**成交量可以用來確認價格走勢**。不論是連續或反轉型態，通常成交量放大都意味著訊號比較不容易反覆。成交量所反映的是股票或商品的需求程度，而後者可以決定價格趨勢的強度。如果價漲量增，漲勢應該繼續發展。一旦成交量開始萎縮，代表想買的人都已經買進了。這

時沒有剩餘的買盤可以推動價格持續走高，動能可能即將變化。

技術分析雖然不是精確的科學，但交易者如果具備這方面的知識，我相信代表一種優勢或勝算。技術分析有助於挑選較適合交易的對象，能夠在比較適當的地方設定停損。可是，如果不小心，很多人仍然會誤用技術分析；稍後，當我討論各種技術指標時，會分別解釋適當與不當的運用。為了簡潔起見，對於每項指標，我不會同時討論多、空部位；凡是適用於多頭部位的指標，只要稍做調整，也同樣適用於空頭部位，反之亦然。如果讀者發現我比較常從多頭部位的角度解釋技術指標，這不代表我偏好作多，只是我認為有些技術指標比較容易由多頭部位來解釋。

同時留意數種時間架構

幾年前，我拜訪一位老朋友，他是一位很有經驗的石油交易者。曾經是場內交易員，後來則在場外從事交易，兩方面的交易都很成功。他的主要交易對象是原油，但石油市場在3:10結束之後，偶爾也會在S&P期貨市場插花。雖然他一次只交易一個市場，但辦公室的配備非常周全。他採用CGQ圖形服務系統，同時使用四個電腦螢幕，其中三個分別顯示不同時間架構的原油走勢圖，第一個螢幕顯示2分鐘、5分鐘與10分鐘走勢圖，第二個螢幕則顯示30分鐘與60分鐘走勢圖，第三個螢幕顯示日線圖與週線圖。第四個螢幕則顯示報價資料與新聞。不只如此，還手工繪製日線圖與月線圖，月

線圖是由契約起始交易開始。相形之下，我只有一個電腦螢幕，並且劃分為四個間隔，顯示四個不同市場的5分鐘走勢圖。就配備而言，讀者認為我們兩個人誰擁有較多的優勢？

　　我問他：實際交易採用哪種時間架構。他說：所有的時間架構都並用。根據他的交易策略，唯有每個時間架構都彼此確認之後，才會進場交易。基本前提是順著主要趨勢方向進行交易，這是採用日線圖與週線圖來判斷。這兩個時間架構可以用來釐清主要趨勢方向，並鎖定主要的支撐與壓力區。然後，根據30分鐘與60分鐘走勢圖擬定更明確的計畫。他透過這兩個時間架構決定想要做什麼，並藉此決定要順勢或逆勢操作，判斷未來幾個鐘頭到幾天的走勢。一旦決定想要做什麼之後，就在2分鐘與5分鐘走勢圖上尋找真正的進場點。他會耐心等待穩定的進場價位；換言之，萬一判斷錯誤，當時的情況不會讓他受傷嚴重。

　　他解釋，一筆交易除非在每個時間架構的走勢圖上都顯得不錯，通常就不採取行動，即使偶爾違背這個原則，頂多也是淺嚐即止，契約口數都很少。當每個時間架構都彼此配合時，勝算會大幅提高。觀看他的配備與交易方法，使我大開眼界，也踏上更高的境界──同時採用數種時間架構。

短期觀點VS.長期觀點

　　談到每個人偏愛採用的時間架構，通常交易者可以被劃分為兩大類：長期與短期。長期交易者通常採用日線圖、週

線圖與月線圖，短期交易者則採用1分鐘與5分鐘走勢圖。當然，還有一些波段交易者居於前述兩者之間，持有部位的時間可能長達2、3天，經常採用30分鐘或60分鐘走勢圖。這些人採用的走勢圖或許非常適用，但最好不要侷限於單一時間架構。由於每個時間架構都從不同角度觀察市場，每個角度都可以提供不同的資訊；所以，不論你偏好哪種時間架構，爲什麼不同時取得多種不同時間架構提供的資訊呢？

　　每位交易者都必須根據自己的風格，挑選最適當的時間架構。交易者偏好的時間架構各異，理由也各自不同。某些人可能覺得短線進出比較容易控制風險；另一些人則偏愛較長期的部位，因爲盤中價格波動基本上都屬於隨機現象，很難進行分析。還有一些人的資金有限，只適合在盤中進出，不適合持有隔夜部位。某些人只要持有隔夜部位就會睡不安穩，所以必須在收盤前沖銷所有部位。有些人則認爲，市場動能通常都可以持續數天之久。即使同樣是當日沖銷者，時間架構也有長短分別，有些人的部位只持有幾分鐘，另一些人則持有幾個小時。某些人對於佣金費用很在意，所以不願進行短線交易；他們只願意從事非常有把握的交易，每個部位都持有幾個小時。總之，每位交易者都有自己覺得舒適的時間架構。

　　時間架構愈短，愈能夠快速進出市場；但是，如果太過執著於短線型態，可能會因此而忽略整體趨勢。一般來說，1分鐘或5分鐘走勢圖的波動太劇烈，缺乏規律性，很難做有效的分析或預測；雖說如此，短線交易者往往還是會沉迷於

這類的走勢圖。短線玩家經常可以藉由60分鐘走勢圖找到更強勁、更穩定的趨勢。同樣的道理，日線圖與週線圖上的動能可能更明確。相對於週線圖來說，5分鐘走勢圖上顯示的趨勢非常不重要。

走勢圖就是走勢圖

　　我希望強調一點，不論是1分鐘走勢圖或週線圖，走勢圖就是走勢圖，雖然時間架構不同，但解釋方法全然無異。如果沒有標示座標單位，我們很難從走勢圖本身判斷該圖形的時間架構。任何時間架構的走勢圖都呈現相同的價格型態或排列；只要熟悉某種時間架構的走勢圖，就不難解釋其他時間架構的圖形。讀者不妨翻閱圖5-1到圖5-4，這幾份走勢圖除了時間架構不同之外，並沒有其他差異。

多重時間架構：由各種不同角度觀察

　　當我開始藉由多重時間架構擬定交易策略之後，績效顯著提升。剛開始，我屬於極短線的交易者，只採用5分鐘走勢圖。基本交易想法由日線圖提供，但有關進、出點的拿捏，則採用5分鐘走勢圖。我沒有參考其他時間架構，因為我要的是很快的進出，實在沒有必要在10分鐘、30分鐘或60分鐘走勢圖上浪費時間。日線圖已經足以讓我瞭解整體概況，週線圖似乎就有點太長了。至於1分走勢圖，我覺得很難判讀，因為價格波動太劇烈，沒有什麼規律可言，而且圖形的涵蓋期間也太短，所以我還是偏好5分鐘走勢圖。

慢慢的，我發現這麼做就好像只靠一支短推桿來打高爾夫球。如果想要把高爾夫球打好，對於每個距離與情況，都應該採用特定的球桿。金融交易者的情況也一樣，應該有一套相當完整的工具可供運用。我看過太多交易者，他們只願意採用一、兩種時間架構，而且完全排斥其他可能性。藉由不同時間架構擴大視野，能把行情走勢看得更清楚。事實上，不只可以看得更清楚，進、出點的拿捏也能更精確。

觀察較長期的時間架構，可以看到主要趨勢的發展方向，也比較容易判定支撐、壓力區。瞭解主要趨勢的發展方向之後，就比較容易決定由哪個方向進行交易。如果日線圖與週線圖都呈現上升趨勢，由買進方向操作短線部位，勝算顯然較高。決定基本立場之後，就可以利用較短期的走勢圖設定實際切入點。我個人認為，60分鐘走勢圖非常重要，因為這最適合判斷中期走勢（2天到5天）。順著中期趨勢方向建立部位，我相信最能充分發揮市場動能，但前提是沒有受到支撐／壓力區或超買／超賣區的干擾。（第III篇討論過程中，我會不斷解釋如何配合不同時間架構來運用多種指標與系統。）當你實際進行一筆交易時，操作上應該採用較短的時間架構。採用1分鐘、5分鐘或10分鐘走勢圖，更容易找到適合進場的機會，也更容易控制風險。如果你決定作多，為什麼不觀察較短期的走勢圖？避免在價格彈升過程進場，切入點最好設定在回檔走勢整理完成的位置。如此一來，即使判斷錯誤，損失也不會太嚴重。這種多重時間架構的運用，適合各種類型的交易者，包括超短線玩家與長期交易者在內。由各種不同的角度觀察，愈能夠看清楚實際情況。

掌握大局

　　如果只看5分鐘走勢圖，你可能認為某一波下跌走勢很適合放空。可是，由更長期的角度觀察60分鐘走勢圖或日線圖之後，可能發現這波跌勢只不過是某個強勁漲勢的回檔整理而已，放空的勝算不高。

　　圖5-1就是典型的例子，這是英特爾的5分鐘走勢圖。由11/08/01到11/12/01之間，股價出現一波跌勢，起始於11/8早上的彈升失敗（B點）。隔天，股價小跌，但幅度不大。可是，11/12當天，股價開低，經過一小波反彈之後，又恢復跌勢，看起來是不錯的放空機會，尤其是在C點。可是，如果你在11/12早上放空，絕對不屬於高勝算交易，雖然你不能由5分鐘走勢圖上看出來。研究日線圖（圖5-2）與60分鐘走勢圖（圖5-3）之後，你將發現放空並非明智之舉。這兩個時間架構可以告訴你真正的趨勢發展，以及你應該操作的方向。日線圖清楚顯示英特爾處在上升趨勢，過去幾天的跌勢只不過是正常的回檔整理而已。在60分鐘走勢圖上，請留意C點的隨機指標狀況，讀數已經進入超賣區。這時你未必想買進，因為短線動能繼續朝下，但至少不應該嘗試放空，因為較長期的動能非常強勁。另外，由圖5-3可以發現，目前價位在過去幾個星期以來曾經數度成為支撐／壓力區，所以這波跌勢很可能在此停頓，並且展開反彈。由較長期的觀點分析，很容易發現空頭部位的勝算不高，因為行情處於上升趨勢。原則上，交易者不應該在上升趨勢內建立空頭部位。就目前情況判斷，交易者應該等待買進訊號。一旦查覺股價沒

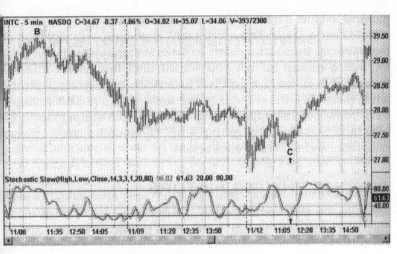

圖5-1 英特爾5分鐘走勢圖：短線觀點。

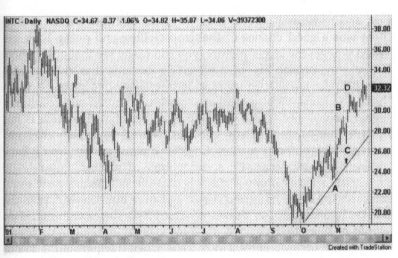

圖5-2 英特爾日線圖：長期觀點。

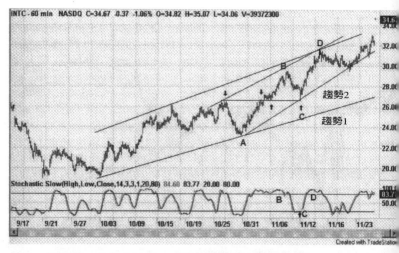

圖5-3 英特爾60分鐘走勢圖：追蹤行情發展的時間架構。

有繼續下跌（利用10分鐘與30分鐘走勢圖進行確認），就可以準備買進。回到5分鐘走勢圖上，我覺得11/12/01的C點可以考慮買進，因為隨機指標讀數進入超賣，而且股價有跌不下去的現象，再加上此處是顯著的支撐區（參考圖5-3）。接著，我希望拿出1分鐘走勢圖（圖5-4），尋找實際的進場點：只要股價觸及下檔趨勢線，或向上突破密集交易區（圖形標示為灰色圓圈），我就買進。事實上，這兩個現象都陸續發生，相隔不到幾分鐘，至於實際成交價格，則取決於滑移價差了。進場之後，如果你願意（換言之，如果符合你的風格），可以很快就獲利了結。反之，如果你願意持有較長期的部位，就可以回到60分鐘走勢圖，等到價格觸及上升通道上緣（D點）才出場。

圖5-4 英特爾1分鐘走勢圖：設定進場點。

股票短線交易應該留意大盤趨勢

　　股票短線交易不只要觀察該股票的較長期趨勢，同時也要留意相關類股與大盤的走勢。就大盤走勢來說，你可以採用S&P 500的日線圖與60分鐘走勢圖，類股走勢的情況也一樣。經過適當評估之後，再利用個股的5分鐘走勢圖決定進場位置。追蹤類股與S&P 500期貨的走勢發展，你可以瞭解個別股票所處的大環境情況，因為個股走勢絕對會受大環境影響。這種策略特別適用於那些喜愛在某個類股中挑選數支股票的交易者。另外，個別股票部位最好順著大盤方向進行操作，因為個股通常都會跟著大盤齊漲齊跌。

追蹤部位發展：支撐、壓力與停止點

　　部位建立之後，不論準備持有多久，都應該持續追蹤。追蹤過程採用的時間架構，最好較通常使用的時間架構高上一層，因為較長期觀點比較容易看清楚走勢的發展，支撐與壓力水準也比較顯著。時間架構愈短，愈難以判斷適當的出場點。如果只專注於短期時間架構，很可能會忽略許多重要的徵兆。就我個人而言，因為採用5分鐘走勢圖來建立部位，所以我偏好採用60分鐘走勢圖來追蹤，因為後者較前者高出一個等級。那些針對3、5檔走勢進行交易的極短線玩家，或許應該採用10分鐘或30分鐘走勢圖來追蹤部位。至於長期交易者，可以考慮採用週線圖來追蹤部位。

　　請回頭觀察圖5-3，在C點建立的多頭部位，可以把停損設定在A點稍下方。停損也可以設定在趨勢線（*趨勢1*或*趨勢2*）稍下方。如果價格向上突破前一波高點（B點），或許可以考慮加碼，停損則向上調整到C點稍下方。在5分鐘走勢圖上，這些停止點都不明顯；日線圖雖然也不錯，但畢竟沒有60分鐘走勢圖清楚。60分鐘走勢圖也適合判斷行情將止於何處。我們發現，B點與D點已經太偏離趨勢線而過度延伸，甚至已經接近趨勢通道的上緣。在B點與D點，隨機指標也提出超買警告，顯示漲勢即將回檔。由於上升趨勢很可能停頓，所以多頭部位適合在此出場，尤其是D點，因為處在兩個通道上緣的交會處。如果你採用更長期的時間架構，訊號或許會嚴重落後（相對於你所持有的部位而言）；所以，當你察覺出場訊號時，部位的既有獲利可能已經流失一大部分。

單就停止點而言，當最近的支撐／壓力被穿越，如果還繼續持有部位，就應該觀察較高一層主要時間架構的支撐／壓力。採用愈高層級的時間架構，停止點就愈有效，但萬一停止點被觸發，代價也愈慘重。

根據自己的交易風格，尋找最適合實際交易的時間架構

每個人的交易風格不盡相同，願意持有部位的時間長度也各自有異，所以很難找到一組大家都適用的時間架構。一般來說，追蹤部位所採用的時間架構，其長度應該是實際交易時間架構的五倍到十二倍。就我個人為例，實際交易採用5分鐘走勢圖，所以交易決策與部位追蹤就採用60分鐘走勢圖。我認為60分鐘走勢圖代表中期趨勢，大約介於短期與長期之間。就整體趨勢方向判斷，甚至我會採用更高層級的時間架構，然後採用較低層級的時間架構做為實際進出的基準。部位建立之後，我採用60分鐘走勢圖追蹤行情演變、設定停止點與目標價位，但實際交易行為仍然採用5分鐘走勢圖。如果我準備持有較長期的部位，通常採用60分鐘走勢圖做為主要時間架構，然後在日線圖上進行追蹤。可是，進、出場本身仍然採用5分鐘走勢圖。

對於那些部位只準備持有幾分鐘的超短線玩家，最好的交易通常也是順著60分鐘或日線圖的趨勢方向進行。這些短線玩家的實際進出時間架構很短，但務必要知道主要趨勢的

發展方向。他們也許不適合採用日線圖或60分鐘走勢圖判斷支撐／壓力或設定停止點，但部位追蹤可以採用10分鐘走勢圖。如果實際進出採用1分鐘、2分鐘或3分鐘走勢圖，10分鐘走勢圖就是很重要的時間架構。我個人不喜歡這類超短線活動，但很多人認爲這是相對容易獲利的交易方式。

增長時間架構的好處

增長時間架構有一些好處，除了能夠更清楚掌握行情之外，還可以讓成功部位持有更長的時間，並減少交易次數。

成功部位持有更長時間

每個人都知道，賺錢的最大關鍵就是「迅速認賠，讓成功部位持續獲利」，但絕大部分人卻經常會過早了結成功部位。他們對於獲利狀況很滿意，不想流失既有獲利，或不能由正確時間架構判斷行情。提升到更高的時間架構，通常可以擴大視野，看到原先沒有看到的可能性。交易者或許會發現，既有趨勢還有很大空間，過早獲利了結等於喪失機會。如果交易者只侷限於極短線的時間架構內，很容易被洗掉一些原本不該結束的部位。爲了防止這類的情況發生，最好的辦法就是增長時間架構，儘可能讓成功部位繼續獲利。

增長時間架構可以減少交易頻率

某些人認爲，採用較短的時間架構可以降低風險，因爲失敗部位可以儘快出場。這種說法或許沒錯，但可能讓成功部位過早了結，而且佣金費用也會快速累積。相對於更長時

間架構的走勢圖來說，1分鐘或5分鐘走勢圖自然會更經常提供交易訊號。每個行情小波動，反映在這類極短期走勢圖上，看起來似乎非常重要而必須採取因應行動，實際並不然。假定採用簡單移動平均穿越系統，運用在5分鐘走勢圖上，可能每天出現5個交易訊號；如果運用在60分鐘走勢圖，可能每個星期只有3個訊號；在日線圖上，可能每隔幾個星期才有1個訊號。自從我改採用60分鐘走勢圖追蹤與評估行情之後，交易頻率顯著下降，因為交易訊號大幅減少。現在，每天進、出的次數不再是二十、三十次，某些成功部位的持有時間已經延長到數天之久。目前，我比較不會因為訊號反覆而不斷進出；如此一來，每天節省的佣金費用與滑移價差可能高達好幾百塊，獲利也變得更簡單一些。

在不同時間架構上，運用不同指標或系統進行確認

　　為了提高勝算，同一套交易系統可以運用在不同時間架構上。一旦較高時間架構（60分鐘走勢圖、日線圖或週線圖）出現買進訊號，交易者可以利用這個訊號做為必要條件，在較短期時間架構上運用相同交易系統決定進出。讓我們利用圖5-5與5-6做為例子說明。當60分鐘走勢圖在11/02/01出現移動平均穿越買進訊號（A點），意味著交易者可以在更短期的時間架構上，利用移動平均穿越訊號進行買進與賣出，但不可以放空，因為較長時間架構顯示買進訊號。所以，由11/02/01開始，只要5分鐘走勢圖（圖5-6）出現移動平均買進

訊號（標示為向上箭頭），交易者就可以買進；反之，如果5
分鐘走勢圖出現移動平均賣出訊號（標示為x），交易者就結
束所持有的多頭部位，然後保持空手（不能放空），直到5分
鐘走勢圖出現下一個買進訊號為止。5分鐘走勢圖上的這類
操作，大約可以維持兩個星期左右，直到60分鐘走勢圖出現
賣出訊號為止。

　　這類的操作勝算較高，因為較高時間架構上已經出現買
進訊號，而且在較低時間架構上獲得確認，市場動能站在你
這邊。相對於短期時間架構，長期架構上的訊號自然較重
要，也代表較短時間架構的基本動能方向。對於較長期時間
架構上的特定訊號，較短時間架構上的順向訊號，其強度通
常超過逆向訊號。當你順著市場動能方向進行交易，勝算可

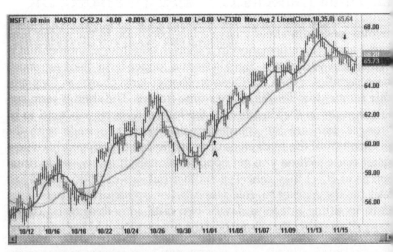

圖5-5　微軟60分鐘走勢圖：前提訊號。

圖5-6 微軟5分鐘走勢圖：根據前提訊號方向進行交易。

以大幅提升。如果短期訊號方向違背長期訊號方向，這是不要進行交易的情況（換言之，保持空手），耐心等待下一個訊號。請記住，保持一、兩天空手，不是剝奪你的賺錢機會，而是讓你等待更好的機會，假定你只有半數的獲勝機會，為什麼不減少那些最沒有把握的交易呢？

在不同時間架構上，分批進場

如果你從事多口契約的操作，可以只根據最短時間架構上的訊號建立些許部位。如果前述訊號確實有效，而且較長

時間架構上也出現相同方向的訊號，可以進行加碼；依此類推，如果更長時間架構上繼續出現類似訊號，部位可以繼續加碼。透過這種方式，你可以及早進場。萬一最早的訊號錯誤，犧牲也相對較小，因爲你只持有少數部位；反之，如果訊號確實有效，而且各種時間架構都呈現一致的訊號，你也會持有最大規模的部位。這套方法特別適用於突破系統。當價格開始進行突破時，通常都是由最小時間架構展開突破，然後慢慢擴及較長的時間架構，較長期走勢圖的突破訊號可能落後好幾天。當你在5分鐘走勢圖上看到突破訊號，你就可以開始進場，及早建立部位，然後隨著情況愈來愈確定而慢慢加碼；即使最初的訊號錯誤，損失也不會很大。

嘗試熟悉市場在各種不同時間架構行為

　　對於所交易的股票或市場，必須儘量熟悉其性質與行爲特質，尤其是在不同時間架構上。我知道，某些股票經常出現三、五天的行情，一旦出現行情時，通常都是以最高價收盤。漲勢結束之後，隨後出現一、二天的整理，然後又恢復先前的趨勢。盤中的漲勢可能持續45分鐘左右，接著整理15分鐘。如果觀察60分鐘走勢圖，趨勢經常會持續到隔天。某些市場特別容易在開盤出現跳空走勢。由於專業報價商的習慣，某些股票的買、賣報價經常拉得很開，而且沒有什麼特殊原因；反之，另一些股票的買、賣報價總是壓得是很緊。每支股票都有不同的股性；對於自己經常進出的股票，交易者必須想辦法熟悉其股性。

有些股票的長期走勢圖很漂亮，但短期走勢圖的波動過份劇烈，很難歸納出明確的趨勢，而且交投過份冷清，顯然不適合短線交易。所以，某些市場不能採用5分鐘走勢圖，另一些市場則很適合。舉例來說，我覺得，可可期貨就很不適合做當日沖銷，因為交投太冷清，而且走勢經常沒有明顯的理由。當然，我不會因此就拒絕可可，只是採用較長的時間架構，風險的設定也必須允許較大的空間。反之，債券與S&P期貨就非常適合短線交易，成交量很大，不論買進或賣出，你都不需擔心沒有人接手。必須經過一段時間的磨合之後，你才會慢慢熟悉市場的行為；可是，你務必把「熟悉市場」當作學習的目標之一，如此才能提高交易勝算。

成為最佳交易者

成為最佳交易者，意味著能夠由各種不同角度觀察市場。執著於單一時間架構，會侷限你的視野與看法。你對於市場必須有宏觀的看法。一位成功的交易者，必須瞭解市場發展的大方向，不能只陷在當前的行情內，必須掌握各種不同時間架構的演變。如此一來，交易者才知道主要趨勢如何，曉得重要的支撐、壓力何在，以及如何設定停止點。如果採用多重時間架構，可以利用較高時間架構的訊號做為先決條件，再依據較低時間架構訊號進出，可以提高勝算。

短線交易者不應該只採用1分鐘或5分鐘走勢圖擬定所有交易決策，部位交易者也不應該只採用日線圖。不論短線或長線交易者，都應該採用不同時間架構來決定進、出場點、

擬定交易計畫或追蹤部位。部位建立之後，應該由較高時間
架構觀察支撐／壓力位置，或設定停止點。特別留意那些遠
離趨勢線或移動平均的反轉走勢。利用較高時間架構延長成
功部位的持有時間，降低交易過度頻繁的現象。

　　當日沖銷交易，我認爲至少需要採用四個不同的時間架
構；採用日線圖與週線圖判斷整體趨勢方向，60分鐘走勢圖
適合判斷當前行情，1分鐘或5分鐘走勢圖用來決定實際的
進、出點。不論採用哪種技術指標或交易系統，四種時間架
構上都應該在出現「必須接受」的訊號。依據較短時間架構
建立的部位，如果在較長時間架構上也出現相同訊號，通常
代表加碼的時機。大體上來說，你對於市場看得愈清楚，交
易的勝算愈高。

不採用多重時間架構的缺點：

1. 只能看到幾塊拼圖。
2. 無法眞正瞭解重要的價位水準。
3. 在上漲行情的拉回走勢中放空。
4. 無法知道行情過度延伸。
5. 逆著動能方向進行交易。
6. 進場時間拿捏不佳。
7. 交易過度頻繁。
8. 成功部位的持有時間不夠久。
9. 很容易被震盪出局。

多重時間架構的高勝算交易：

1. 能夠從較適當的角度觀察當前的行情發展。

2. 與市場的磨合程度較高。

3. 能夠掌握市場的整體狀況。

4. 更能夠看清市場趨勢。

5. 能夠更有效拿捏交易時效。

6. 透過較高時間架構追蹤部位。

7. 得以判斷行情發展是否過度延伸。

8. 能夠找到更恰當的支撐／壓力水準。

9. 避開超買區與超賣區。

10. 較容易看清楚獲利目標。

11. 藉由較高時間架構減少交易頻率。

12. 拉長獲利部位的持有時間。

13. 在每個時間架構上進行加碼。

14. 只採納所有時間架構號都吻合的訊號。

15. 運用相同系統在不同時間架構上的訊號彼此確認。

值得提醒自己的一些問題：

1.對於所有時間架構上的市況發展，我是否都很清楚？

2.我是否順著主要趨勢方向進行交易？

3.在追蹤部位的時間架構上，趨勢是否顯得過份延伸？　是否進入超買（或超賣）狀況？

4.行情還有多少發展空間？

5.我是否有效拿捏進場時效？

第 **6** 章

順著趨勢方向進行交易

人們之所以發生虧損，最主要的理由莫過於交易者嘗試與趨勢抗衡，想要猜測市場的頭部或底部。交易者務必記住一句古老的市場格言：「**趨勢是你的朋友**」，儘可能順著趨勢方向進行交易。勝算最高的交易，通常也都是順著趨勢方向進行的交易；如果你嘗試與趨勢抗衡，就等於與市場動能抗衡。市場趨勢之所以存在，理由只有一個：市場參與者——整體而言——認為行情應該朝某特定方向發展。在這種情況下，最好西瓜挑大邊，站在市場動能的一邊，不要站在另一邊。不幸的，在趨勢發展過程中，貪婪的心理經常促使很多人試圖猜測市場的頭部或底部。

什麼是行情趨勢？

所謂上升趨勢，是指行情發展過程中，波浪狀走勢的高點愈墊愈高，而回檔低點都沒有跌破前一波的低點。反之，下降趨勢是指行情發展過程中，波浪狀走勢的低點持續下滑，而反彈高點都不能穿越前一波的高點。對於上升趨勢來

說，上升波的長度超過下降波。在明確的上升趨勢中，價格大多收在盤中最高價附近；反之，在明確的下降趨勢中，收盤價大多落在最低價附近。趨勢愈強勁，收盤價愈接近盤中高價或低價。

請參考圖6-1，S&P指數呈現長達一年多的下降趨勢。讀者可以發現，上升波的規模都較小，行情不斷創新低，而且任何反彈都不能向上突破前一波的高點。

趨　勢

順勢交易是技術分析在操作上最普遍被接受的原則之一，因為這也是勝算最高的交易方式。不幸的，市場經常缺乏明確的趨勢；然而，只要出現明確的趨勢，就千萬不要錯

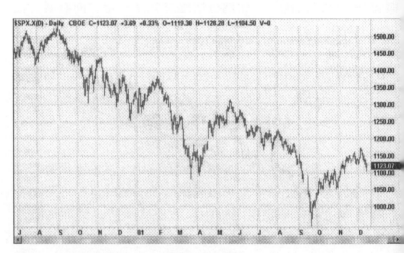

圖6-1　S&P 500日線圖：趨勢明確的市場。

過。順勢交易之所以最容易獲利，因爲這代表阻力最小的價格發展路徑。因此，交易者的首要任務，就是思考趨勢的發展方向。一旦決定趨勢方向之後，就必須假設部位最好都應該順著趨勢方向建立，除非有充分證據顯示相反的情況。如果想判斷長期趨勢，則採用日線圖、週線圖與月線圖。趨勢延續的時間愈長，其效力愈高。請參考圖6-1，走勢圖最近三個月呈現上升趨勢，但其力量顯然不如過去十五個月的下降趨勢。市場必須醞釀很大的勁道，才能突破主要下降趨勢，否則，最近三個月的上升趨勢只不過是整個下降趨勢的一個反彈波——就目前的情況判斷就是如此，因爲最近的價格漲勢不能有效穿越下降趨勢線。另外記住一點，愈短期的走勢圖，其中顯現的趨勢愈沒有意義。相較於日線圖來說，5分鐘走勢圖很容易形成趨勢，趨勢也很容易被突破。

趨勢線

即使不藉助移動平均或趨勢線，通常也很容易由走勢圖上看出明確的趨勢，但實際繪製趨勢線，絕對有助於釐清狀況。趨勢線就是一條直線，代表價格發展的方向。至於趨勢線的繪製方法，請參考圖6-2，用一條直線銜接上升走勢的低點，或用一條直線銜接下降走勢的高點。趨勢線涵蓋的時間愈長、遭到觸及的銜接點數愈多，而且始終沒有遭到突破，那麼價格走勢下一次測試該趨勢線時，趨勢線所能夠發揮的力道愈強勁。雖然繪製一條趨勢線只需要兩點，但實際銜接的點數愈多，趨勢線愈可靠。趨勢線的傾斜角度太陡峭的

話，就比較不可靠，很容易被突破；傾斜角度20度的**趨勢**
線，其可靠性通常超過傾斜角度60度的**趨勢線**。圖6-2顯示的
趨勢線，傾斜角度很平緩，這是我覺得很可靠的**趨勢線**。在
四個月期間內，這條**趨勢線**曾經被測試四次，而且都發揮支
撐功能；所以，我認為這條**趨勢線**值得信賴，除非價格跌破
該**趨勢線**，否則我只會操作多頭部位。如果市場呈現明確的
趨勢，絕對不值得逆勢操作；反之，你應該等待行情折返，
然後趁機建立順勢部位。

　　趨勢線代表買、賣雙方力量趨於相等的均衡點；換言
之，**趨勢線**代表市場供、需力量均衡的位置。價格之所以上
漲，是因為買進力道大於賣出；價格之所以下跌，則是因為
賣出力道大於買進。在上升**趨勢**中（圖6-2），**趨勢線**是買方

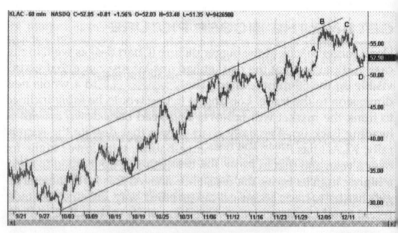

圖6-2　KLAC 60分鐘走勢圖：上升趨勢線是一條銜接價格走勢低點的直
　　　　線。

力道開始超越賣方的位置。隨著價格遠離上升趨勢線，買方願意繼續持有部位的意願逐漸降低，賣方的力量轉強。不久，賣方力道將超過買方，導致行情折返趨勢線。愈接近趨勢線，賣方力量超過買方的程度也愈來愈小。當折返走勢逼近到趨勢線時，買、賣力量也逐漸趨於均衡。如果趨勢線能夠發揮支撐功能，買方力量又將超越賣方，使得價格在觸及趨勢線之後回升。

趨勢通道

　　繪製趨勢線之後，接下來就應該觀察趨勢通道（channel）。就上升通道來說，將上升趨勢線平行向左上方移動，直到觸及價格走勢的折返高點為止，該直線就成為上升通道的上緣，通道則涵蓋整個上升走勢。請參考圖6-3，這與圖6-2代表同一份圖形，但圖6-3顯示上升通道的上緣。

　　對於上升通道來說，每當價格上漲而觸及通道上緣，就會遭逢壓力，很可能迫使價格折返通道。交易者可以藉由通道判斷行情發展是否過度延伸，當價格迫近通道上緣，交易者可以預先出脫多頭部位；反之，當價格接近通道下緣，交易者可以準備買進。當走勢接近通道上緣，最好不要買進，因為下檔空間太大，而價格突破通道上緣的可能性較低。如果價格真的向上穿越通道上緣，不妨藉由較高時間架構的走勢圖來進行確認，一旦判斷價格有繼續走高的趨勢，就可以考慮進場買進（這部分細節請參考第8章有關突破的討論）。請特別留意：不要輕易相信突破，因為價格經常只在盤中進

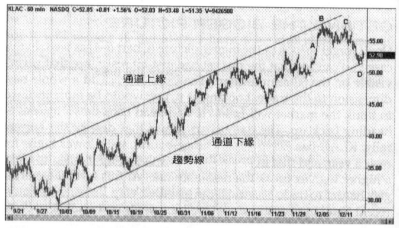

圖6-3 KLAC 60分鐘走勢圖：上升通道。

行假突破。

　　通道可以協助判斷既有趨勢是否喪失動能。如果漲勢無法到達上升通道的上緣（例如圖6-4的C點），意味著上升趨勢可能轉弱或告一段落。當然，這並不表示你應該放空，因為只要上升趨勢還有效，就只應該由多頭立場進行操作；換言之，除非有證據顯示市場已經進入下降趨勢，否則不應放空。所以，在這種情況下，雖然不能實際放空，但要有放空的準備，如果價格有效跌破上升趨勢線，就可以考慮放空。如果打算繼續作多，應該等待行情折返到趨勢線附近。這是不錯的進場點，因為只要價格跌破趨勢線，就立刻知道自己的判斷錯誤，可以馬上認賠，風險不大。反之，如果趨勢線繼續發揮應有的支撐功能，多頭部位就可以獲利。

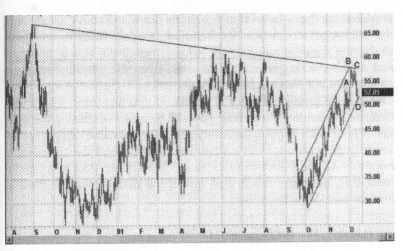

圖6-4　KLAC日線圖：宏觀。

觀察較長期的發展

　　不要忘掉觀察較長期的行情發展。以圖6-4的日線圖來說，可以看到漲勢觸及上檔的壓力線，這是60分鐘走勢圖沒有顯示的。相對於短線走勢圖而言，日線圖可以提供嶄新的觀點或視野。就圖6-4判斷，或許會覺得近三個月的漲勢應該會告一段落而拉回。雖然KLAC目前處於上升通道，但以近一年來的走勢觀察，高點不斷下滑，最近的漲勢可能無法突破上檔壓力而創新高。目前狀況很難交易，因為價格走勢雖然可能在上升趨勢線獲得支撐而向上回升，但也可能向下突破趨勢線而展開新的下降趨勢。可是，現在位在D點，當前趨勢畢竟屬於上升趨勢，交易者仍然應該由多頭部位進行操作，除非趨勢線確實被跌破。

趨勢線突破

雖然趨勢線遭到突破時，最起碼要結束原先的順勢部位，但這並不代表趨勢必然反轉，也未必應該根據突破方向建立新部位。原先的趨勢線被突破之後，未必就代表趨勢已經反轉，因為既有趨勢很可能只是發展角度變得較平緩而已，盤勢也可能變成沒有明確方向的橫向整理。另外，突破也可能是假突破；換言之，趨勢線遭到突破之後，只經過一、兩支線形，價格又恢復原來趨勢。每當價格逼近趨勢線，你必須假設該趨勢線可以發揮功能，但還是要有「以防萬一」的準備。至於突破究竟是有效突破或假突破，交易者應該針對兩種情況都有因應準備。

千萬不要追價

逆向走勢：拉回與反彈

順勢交易的勝算雖然很高，但你不要在決定趨勢方向之後，就立即跳進場，因為行情發展不會只朝單一方向前進。不論在哪種時間架構上，必定都會出現逆勢的拉回與反彈走勢。這些現象都是因為行情過度延伸與獲利回吐。折返走勢也是趨勢發展的一部分，交易者必須有因應準備。不妨翻閱前文討論的走勢圖，每當行情遠離趨勢線，就會產生回歸趨勢線的力量。某些情況下，逆勢拉回或反彈走勢可能既快又猛，如果交易者只是一昧注意主要趨勢方向，卻在遠離趨勢線的價位進場，很可能會因此受重傷——即使持有順勢部位

也是如此。所以，時效的拿捏很重要。如果你只因為市場趨勢很明確而莽撞進場，很可能會產生追價的問題。如果進場價位不理想，趨勢線所提供的安全網可能距離過遠，萬一判斷錯誤，也很難迅速認賠。一般來說，停損可以設定在價格有效穿越趨勢線的位置。進場點與趨勢線之間的距離愈遠，萬一行情折返或穿越趨勢線，你恐怕要付出慘重代價。

莽撞進場

　　我認識一位總是賠錢的股票投資人。為什麼總是賠錢呢？因為他通常都迫不及待的進場，不願做進一步研究，也不願等待股價折返。舉例來說，如果他看到股票在盤中創新高，就立即下單買進，結果總是抱怨自己買在最高價。他買進的股票，幾乎都在10分鐘內出現$1.50的急漲走勢。他擔心自己錯失機會，所以急著進場，但始終搞不清楚自己為什麼賠錢。最糟的情況還不只如此，他總是在股價折返到底部區域時認賠出場，因為再也不能忍受虧損持續擴大，然後看著股價回升而創新高，並且再追高買進。

時間架構

　　對於某個人的所謂「追價」行為，未必也是另一個人的「追價」，因為「追價」是由個人正常交易的時間架構來定義。不同的時間架構，可能基於不同理由進行交易。假設你是一位當日沖銷者，並且採用5分鐘走勢圖；在這種情況下，你可能發現整天的走勢有許多適合進場的價位，因為5分鐘走勢圖顯示這些進場點都有適當的支撐，但較長期交易

者可能要等主要的拉回走勢才進場。可是，當日沖銷者仍然
必須瞭解該股票的主要趨勢，並且順著該方向進行交易。舉
例來說，你由圖6-3（60分鐘走勢圖）發現必須由多方進行交
易。然後，藉由圖6-5（5分鐘走勢圖），在避免追價的情況
下，決定實際的進場點。在圖6-3的A點附近，你可能認爲進
場買進似乎有點太遲了，因爲股價漲幅已經很大。不過，如
果觀察圖6-5在12/04/01到12/05/10之間的走勢（對應圖6-3的
A點），可以看到一些頗爲安全的進場點。然而，一旦行情發
展到B點（對應著60分鐘走勢圖的通道上緣與日線圖的壓力
線），顯然就不適合買進，因爲股價回檔的可能性很高。這
是相當典型的例子，說明如何運用多重時間架構提高勝算。
原則上，你希望在較高時間架構上尋找支撐／壓力，然後在
較短時間架構上找到實際進場點。

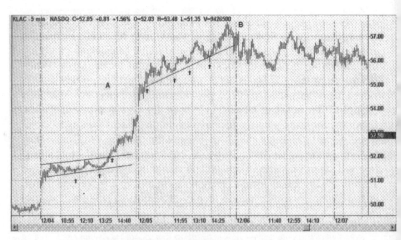

圖6-5 KLAC 5分鐘走勢圖：及時的交易。

不要與市場抗衡

很多交易者經常試圖抗拒趨勢，認爲既有趨勢應該反轉。結果呢？下場通常很悽慘。他們或是希望捕捉短線的逆勢拉回或反彈走勢，或是想預測行情頭部或谷底。這些部位都違背較長期趨勢，勝算當然也就不高。

不妨讓我談談一些個人經驗。某一天，我決定由空方進行交易，因爲市場走勢非常疲軟。剛開始，我建立空頭部位，也確實賺了一點錢；可是，不久之後，我看到行情似乎出現跌多反彈的徵兆。我想：「我可以暫時反手作多，趁機賺幾點的利潤，然後馬上恢復空頭部位。」建立多頭部位之後，反彈走勢沒有如預期發生；結果，在原先判斷應該作空的行情裡，我卻實際持有多頭部位。沒有立即認賠，是因爲我仍在等待預期中的「反彈」可以減少虧損。不但如此，我想：「既然反彈會出現，不妨加碼多頭部位」；結果，虧損愈來愈嚴重。教訓？不值得與趨勢抗衡，因爲這些部位的風險／報酬結構不理想，最好還是順著主要趨勢方向進行交易。對於逆勢部位來說，萬一判斷錯誤，主要趨勢可能造成嚴重傷害。那些想要捕捉反彈或拉回走勢的人，身手必須非常敏捷，而且具有鋼鐵般的意志，願意及時認賠。總之，在逆勢行情中，我認爲自己最好還是保持空手，不要試圖賺「外快」。

價格永遠不會太高或太低

我記得1998年的一些經驗。那年夏天，商品出現數

十年來的低價。當活豬與穀物出現三十年來最低價時，我進場買進，因為我想價格不可能再跌了。結果，我看到四十年來的最低價。我也嘗試捕捉原油的最低價，在$17買進，然後是$16，接著是$15、$14、$13、$12，最後終於放棄。2000年的股票市場是另一個例子：當股價由$200跌到$100時，大家認為已經夠便宜了。當股價跌到$50時，他們又加碼。在$20的價位，他們認為：「哇！實在太便宜了。」到了$5，他們又進行最後一搏，認為整個跌勢已經太過分了。一年之後，很多這類股票的價格都遠低於$5，反彈無望。教訓：永遠不要認為價格已經太高或太低而不可能繼續上漲或下跌。趨勢要發展到什麼時候，完全由市場決定，而不會只因為你認為太便宜，趨勢就反轉了。總之，交易者要留意的是客觀的價格行為，不是主觀意見。

順勢指標

因為市場只會在某些期間內展現明確的趨勢，交易者當然希望藉由某種工具判斷市場是否存在明確的趨勢，才能充分運用順勢操作方法。關於如何判斷趨勢發展與其強度，目前有幾種順勢指標可供運用。本章接下來的篇幅，準備討論一些我認為最重要的順勢指標與交易策略。

KISS

我是KISS的忠實信徒，此處的KISS不是指樂團而言，雖然我也喜歡他們的一、兩首曲子。KISS是「Keep

it simple, stupid」（保持單純，傻瓜）的字頭語。我認為，過份複雜的指標或交易系統只會憑添麻煩，沒有太大的實際意義。某些最好的系統，其結構非常簡單；某些最頂尖交易者，也只是採用最簡單的技術指標。

在交易實務上，我最經常採用的指標包括：趨勢線、通道、隨機指標（stochastics）、移動平均、移動平罩收斂發散指標（MACD）、相對強弱指數（RSI）、平均趨向指標（ADX）、成交量、價格波動率（volatility）與艾略特波浪分析（Elliot wave analysis）。對於其他交易者來說，或許還有很多「好用」的指標：可是，前述幾個指標是我偏好採用的交易工具，但這些指標畢竟不是每位交易者都「不可錯過」的終極指標。很多不同指標只是透過不同方式告訴你相同的東西，由於我喜歡保持單純，所以只採用少數幾種指標。

移動平均

功　用

除了趨勢線與通道之外，還有一些技術指標可以協助判斷趨勢發展的方向與強度。移動平均可能是最常見、最簡單的這類指標。雖然你可以採用一條、兩條或三條均線，也可以採用「簡單」或「指數」（exponential）型態的計算程序，但它們大體上都告訴你相同的東西：市場在做些什麼。如果移動平均向上，代表行情走高；如果移動平均向下，意味著行情下滑。就是這麼簡單。就如同其他技術指標一樣，移動

平均不能預測未來，它們都屬於落後指標。由於時間落後的緣故，交易者可能會錯失最初一段行情，因為當移動平均指標出現訊號時，走勢顯然已經發展一段了。換言之，唯有實際的最低價或最高價發生之後，移動平均才會顯示對應的訊號。可是，移動平均確實可以反映趨勢的發展方向，讓你可以順著趨勢方向建立高勝算部位，因為價格大多會朝主要趨勢方向移動。對於上升趨勢來說，只要價格繼續保持在移動平均之上，上升趨勢就還沒有問題。

當你更新移動平均的讀數時，是以最新的價格取代最早的價格。所以，如果最新價格大於所取代的最早價格，移動平均讀數就上升；只要繼續保持這種狀況，就可以看到明顯的趨勢。當價格走勢停頓或改變方向，移動平均也會慢慢反應。請參考圖6-6SPX日線圖，當價格在Ｘ點停止下跌之後不

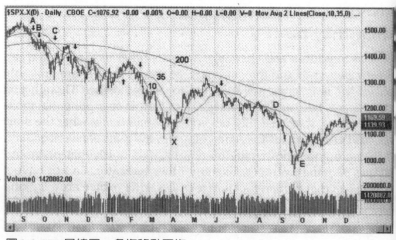

圖6-6 SPX日線圖：多條移動平均。

久，10天移動平均也開始翻揚。至於35天移動平均，因爲落後程度較大，所以在幾個星期之後才開始回升。

指數移動平均

　　雖然一般人都採用簡單移動平均，但某些人則偏愛指數格式的移動平均，因爲後者給予最近價格較大的權數。就理論上來說，指數移動平均似乎較理想；但在實務運用上，我看不出指數移動平均的明顯優點。沒錯，指數移動平均可以更及時反映當前的價格走勢（因爲最近價格的權數較大），也能夠更早提供交易訊號，但這些訊號很可能是假訊號。讀者不妨兩者都試試看，然後挑選自己比較喜歡的。

挑選移動平均的計算期間

　　移動平均的計算期間不同，所反映的價格走勢也各自不同，交易者應該根據自己的風格與偏好，挑選適當的計算期間。計算期間愈短，移動平均愈能夠及時反映當時的市況，但缺點是訊號反覆的頻率也較高。反之，計算期間較長的移動平均，訊號可能缺乏及時性；換言之，既定價格走勢已經發生一段時間之後，移動平均才會顯現訊號。較長期移動平均的訊號雖然缺乏及時性，但訊號反覆的可能性較小。一般來說，移動平均的計算期間愈長，愈能正確反映根本趨勢。

　　對於不同股票、不同商品或不同時間架構，績效最佳的移動平均長度可能都各自不同。雖說如此，我還是採用相同一套移動平均來交易每個市場。我認爲，如果某套交易策略

確實有效，就應該一體適用，不應該就每個市場分別選取最佳參數。就我個人來說，盤中走勢圖採用10期與35期均線，日線圖則增添200期均線。這套均線很適用於我，但未必適用於其他人。超短線玩家可能要採用更短的計算期間，例如3期、5期或10期。移動平均的長度愈短，產生訊號的頻率愈高，部位的平均獲利／虧損愈小，佣金費用愈高。我認爲最好採用稍長的均線，交易頻率不要太高。均線長度稍長些，訊號比較不容易反覆，因爲這類均線反映的趨勢比較穩定。

　　圖6-6顯示10天、35天與200天均線，分別代表不同時間架構的趨勢。200天均線幾乎像是趨勢線，反映行情的主要趨勢，每當價格由下往上接近200天均線，後者就代表一股壓力。200天均線通常用來決定市場的趨勢方向；每當價格突破200天均線，就代表市場趨勢可能發生變化。我利用200天均線追蹤長期趨勢方向。10天與35天均線都反映短期趨勢，10天均線能夠更及時反映當前的市況，但只要行情波動轉劇，10天均線訊號發生反覆的頻率也很高。35天均線比較平滑，更能反映中期趨勢。讀者應該多加嘗試，小心挑選一組適用的均線長度。

多重移動平均

　　雖然某些人只採用一條移動平均，然後以價格向上或向下穿越均線做爲訊號，但多數交易者都會同時採用兩條或三條均線。多重移動平均系統，通常都採用不同期間移動平均之間的穿越做爲進、出場訊號。採用兩條或以上的移動平

均，不只可以藉由移動平均之間的穿越做爲訊號，還可以用來確認訊號的有效性，因爲價格如果位在兩條均線——相較於一條——之上，力量顯然較強。如果趨勢很強勁，價格將停留在兩條趨勢線所夾帶狀區間之外，如同圖6-6的D點與E點。這段期間內，價格跌勢很猛，位在10天與35天均線之下。一旦價格回到移動平均所夾帶狀區間內（E點），交易者必須留意均線朝另一方向穿越。

如果採用兩條均線（例如：10天與35天均線），每當較短期均線穿越較長期均線，就可以視爲訊號，例如圖6-6標示的向上與向下箭頭。圖6-6顯示三條移動平均，當10天均線向下穿越35天均線，可以先建立些許部位（A點）；接著，當10天均線穿越200天均線（B點），再進行加碼；最後，當35天均線穿越200天均線（C點），做最後加碼。如此能藉由分批方式建立順勢部位。空頭部位建立之後，如果出現買進訊號（標示爲向上箭頭），可以考慮分批了結，也可以一次出場。我不建議反空爲多，因爲長期趨勢仍然朝下。如果向上箭頭採用分批了結的方式，你可以繼續停留在場內，參與整個空頭走勢，而且又能了結部分的獲利。如果你決定完全出場，仍然能在下一個賣出訊號重新進場建立空頭部位。

移動平均系統範例

圖6-7顯示短線玩家藉由5分鐘走勢圖可能架構的移動平均穿越系統，此處採用10期、35期與50期均線。最長的50期均線用來追蹤部位之用，當然也可以直接採用60分鐘走勢圖

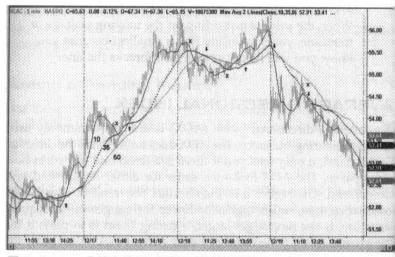

圖6-7　KLAC 5分鐘走勢圖：移動平均穿越系統。

或日線圖。圖形中利用向上箭頭與x分別表示進場與出場訊號，但這些訊號只是讓讀者瞭解移動平均穿越系統的運用，並不是真正建議如此操作。

交易準則：作多

買進：每當收盤價高於50期均線，而且10期均線高於35期與50期均線。如果收盤價高於50期均線，但10期均線低於35期均線，則結束多頭部位而不放空。

交易準則：放空

放空：每當收盤價低於50期均線，而且10期均線低於35期與50期均線。如果收盤價低於50期均線，但10期均線高於35期均線，則結束空頭部位而不買進。

某些人只用兩條移動平均，但第三條均線可以降低交易次數，並迫使你順著趨勢方向進行交易。在橫向行情中，順勢系統經常產生反覆訊號，較長期的均線可以稍微減緩這個問題。請注意，任何順勢系統都較適合於趨勢明確的市場，但不適用於橫向走勢或波動劇烈的市場。如果價格來回劇烈波動，將導致順勢系統操作困難；所以，只要任何方法能夠減緩問題，都有所助益。

運用移動平均與趨勢線的高勝算基本法則：

＊ 交易者應該假定主要趨勢線或移動平均能夠發揮功能，不會被穿越。如果它們足夠強勁，當價格接近時，應該可以產生支撐／壓力作用。

＊ 趨勢愈強勁，價格愈不可能實際觸及趨勢線，因爲大家都預期趨勢線將發揮功能而提早反應。

＊ 只順著趨勢線／移動平均的方向進行交易。如果兩條均線發生穿越現象，只順著穿越方向進行交易。

＊ 如果行情過度延伸而應該結束部位，最好不要同時反轉部位，只要結束順勢部位即可，直到趨勢線或移動平均遭到突破爲止。

＊ 當兩條均線所夾帶狀區間開始收斂（變窄），應該準備因應某種變化。這並不表示趨勢必然會變化，也不意味著必須賣出或回補，但可能性畢竟很高，最好要

有所準備。

* 如果市場顯示明確的趨勢而你準備進場，不妨等到價格折返到移動平均或趨勢線附近才進場。

* 當價格處在移動平均或趨勢線附近，此處建立順勢部位的風險相對有限，因爲移動平均或趨勢線萬一遭到貫穿，你很快就會知道。

平均趨向指數

平均趨向指數（average directional index，ADX）是另一種常用的趨勢衡量指標。ADX無法告訴你趨勢的發展方向；可是，如果趨勢存在，ADX可以衡量趨勢的強度。不論上升趨勢或下降趨勢，ADX看起來都一樣。ADX的讀數愈大，趨勢愈明確。衡量趨勢強度時，需要比較幾天的ADX讀數，觀察ADX究竟是上升或下降。ADX讀數上升，代表趨勢轉強；如果ADX讀數下降，意味著趨勢轉弱。當ADX曲線向上攀升，趨勢愈來愈強，應該會持續發展；如果ADX曲線下滑，代表趨勢開始轉弱，反轉的可能性增加。單就ADX本身來說，由於指標落後價格走勢，所以算不上是很好的指標，不適合單就ADX進行操作。可是，如果與其他指標配合運用，ADX可以確認市場是否存在趨勢，並衡量趨勢的強度。

如何運用ADX

ADX的運用分爲兩部分，首先利用走勢圖、趨勢線或移

動平均判斷趨勢的發展方向，然後利用ADX判斷該趨勢的強
度。關於交易的基本構想，我認爲日線圖比較適用，因爲盤
中走勢圖的波動太劇烈，經常出現反覆訊號。ADX的讀數與
發展方向都很重要。一般來說，如果ADX讀數爲30或以上
（參考圖6-8），趨勢就可以視爲強勁。如果ADX讀數低於20
（例如圖6-9的A期與B期），代表市場動能偏弱；期間內，行
情來回遊走，沒有明顯方向。至於20與30之間，則屬於中性
讀數。ADX讀數愈高，趨勢愈明確；即使ADX下降，但只要
讀數高於30，市場仍然具備相當動能。當ADX向上攀升，應
該只順著趨勢方向操作。進場時，雖然最好等待行情折返，
但如果ADX讀數很大，就不太可能出現眞正的折返走勢。瞭
解眞正的市況，往往就可以挑選適當的系統，舉例來說，採
用某套系統來處理ADX低於20的市場，採用另一套系統處理
ADX高於30的市場。

尋找趨勢明確的市場

　　哪些市場或市況特別容易交易，這需要一些經驗才能判
斷。震盪劇烈的橫向走勢，很難進行交易，而且交易系統發
出訊號的頻率會偏高；反之，趨勢明確的市場，比較容易交
易。如果市場具備明確的趨勢，就沒有必要經常進出。如果
願意，可以繼續持有部位到趨勢結束，如此不但會有不錯的
獲利，還可以節省佣金費用。趨勢發展明確的話，停損點也
比較容易設定，而且不容易被一些假走勢引發。只要趨勢夠
明確，即使你錯失進場機會，也不需追價，可以等待行情折
返到趨勢線附近再進場。適當運用ADX指標，就可以找到趨
勢明確的市場。由於趨勢明確的市場比較容易賺錢，只要你

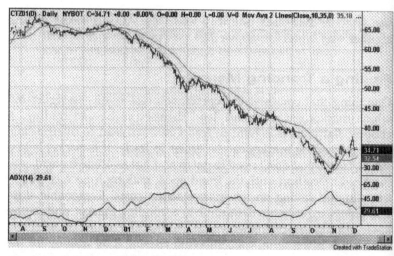

圖6-8　棉花日線圖：確認趨勢強勁。

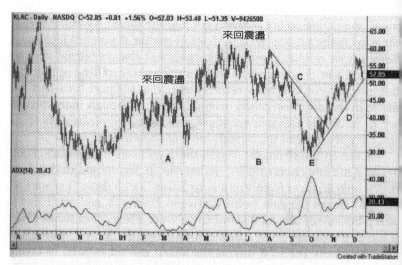

圖6-9　KLAC日線圖：ADX運用。

能夠找到這類市場，勝算就能大幅提高。請參考圖6-8，這是棉花的日線圖，顯示長達一年的下降趨勢。即使你沒有多少交易經驗，應該也很容易看出圖6-8的下降趨勢，但經由ADX的確認，應該還是有幫助。在12月到4月份之間，當下降趨勢剛開始時，ADX曲線穩定上升，而且讀數都高於30，意味著下降趨勢非常強勁。由7月份到9月份，下降趨勢開始放緩，甚至出現橫向走勢，ADX讀數跌到20之下，但9月份之後又開始回升，顯示下降趨勢又轉趨強勁。一旦ADX攀升到30以上，就適合尋找放空機會。

ADX讀數低於20，就可以把當時的市況視爲橫向盤整，任何順勢系統都不適用，因爲訊號會經常反覆。請參考KLAC的日線圖（圖6-9），在A、B期間內，市況屬於橫向整理的震盪盤，ADX讀數低於20，有助於你判斷當時缺乏明確的趨勢。在這類市況下，如果你決定進場交易，最好採用擺盪指標（參考第7章）。在C期的下降趨勢與D期的上升趨勢期間內，ADX讀數都超過30，顯示當時的趨勢很明確。至於E點，ADX讀數雖然很大，但已經由上升轉回下降，這意味著當時的下降趨勢已經逐漸喪失動能。ADX曲線下滑，代表既有趨勢強度轉弱，能夠保持耐心的交易者，通常會得到應有的報酬。這個時候，或是等待情況更明朗一點才進場，或是等待趨勢發生反轉。如果ADX在30以上出現峰位，代表價格很可能會折返整理。

運用ADX獲利了結

ADX的功能之一，是用來判斷何時獲利了結。對於順勢

部位，如果ADX讀數偏低，而且走勢開始下滑，交易者應該抱著更短線的態度，因爲既有趨勢恐怕難以爲繼。如果ADX讀數低於20，交易者的手腳必須很俐落。ADX讀數很低，代表既有趨勢很弱，所以部位的持有時間不該太長。反之，如果ADX讀數超過30，而且走勢上升，部位持有期間應該加長，儘量避免立即獲利。當趨勢非常明確時，順勢部位的獲利應該儘量聽任發展；只要ADX繼續上揚，就代表趨勢愈來愈強勁。趨勢愈強勁，順勢部位就愈不應該出場。如果ADX讀數很大而開始作頭，這意味著趨勢雖然強勁，但已經開始轉弱，可以考慮結束一些部位，不過仍然可以保留剩餘部位，因爲既有趨勢可能還會發展一段期間。如果ADX讀數跌破30，意味著行情開始朝橫向發展，這時候就應該尋找出場機會，不需擔心既有趨勢繼續發展的可能性。

折返走勢

有時行情可能會出現連續幾天的漲勢，不只盤中最高價不斷創新高，甚至盤中低點也不斷墊高，漲勢看起來會永遠持續下去。千萬不要被騙了。這類的漲勢很難持續，因爲強勁走勢都需要經過整理與消化。一天的大行情之後，接下來一、兩天內經常會拉回；唯有經過整理，漲勢才能持久。爲什麼呢？某些交易者想要獲利了結。急漲過程應該等待，拉回或整理才是進場機會。不論是5分鐘走勢圖或週線圖，任何趨勢只要持續發展一段期間，就必須折返整理。精明的交易者都知道，最好的進場點位在價格折返到支撐區而開始回升時。雖然很多人也想針對折返走勢進行交易，但折返走勢

與主要趨勢的發展方向相反，所以屬於勝算較低的交易。

不論走勢多麼強勁，都一定會折返整理。請參考圖6-10，這是EBAY的5分鐘走勢圖。由A點到D點，雖然股價在三天內跌了$6，但畢竟不是直線下跌。在A點到C點之間，股價曾經大幅反彈$3，其他時候也曾經出現程度不一的反彈走勢。經過三天大跌（D點），隔天出現一波不錯的漲勢，因為強勁的跌勢需要折返整理。沒錯，這波跌深反彈的走勢確實有賺錢的機會，但下降趨勢實在太強勁了；除非你的手腳非常俐落，而且判斷非常準確，否則不要隨便介入，因為這屬於逆勢操作。

衡量折返水準

修正走勢會折返到什麼位置呢？一般來說，折返水準經

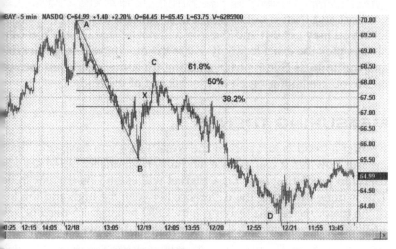

圖6-10 EBAY 5分鐘走勢圖：折返水準。

常是前一波走勢幅度的三分之一、二分之一或三分之二。這三個數據非常接近所謂的費伯納西（Fibonacci）比率：38.2%、50%與61.8%。換言之，當折返走勢發展到先前順勢走勢幅度的38.2%（或三分之一）位置，折返走勢通常就會告一段落，然後又朝主要趨勢方向發展。由於這三個數據深植人心，每當價格折返整理，大家都密切留意這三個水準，順勢交易者準備進場，逆勢玩家也準備出場；恐怕也正因為如此，所以這三個水準總是能夠發揮功能——自我實現的預言。由於這三個水準就像大磁鐵一樣，所以不要剛好把停止單設定在這些位置，應該保留一些迴轉的空間，舉例來說，不妨把停止點設在35%到40%附近，因為這個水準一旦被穿越，下一個有效位置在50%附近。至於61.8%或三分之二位置，通常被視為趨勢是否能夠保持的關鍵，如果該水準被貫穿，既有趨勢可能就結束了。請參考圖6-10的下跌走勢。當價格由A點跌到B點之後，接著由B點反彈到X點，B點到X點的垂直距離，剛好是A點到B點距離的38.2%。可是，反彈走勢只在X點稍做停頓，然後又繼續彈升到C點，B點到C點的距離則是A點到B點距離的61.8%。讀者不妨翻閱其他的走勢圖，或許就會發現這三個數據經常出現在折返走勢，所以應該特別留意。

趁著折返走勢進場

　　你可能想在空頭走勢的反彈過程中進場放空；若是如此，必須記住一點，重要的折返水準可能存在很多停止賣單或限價賣單，所以你的空單最好要設定在稍低價位，否則反彈走勢結束之後，恐怕沒有適當機會再進場。總之，如果你

想在折返過程進場，往往要有提早進場的準備，寧可多承擔
一些風險，避免稍後追價。

　　舉例來說，如果你想在C點放空EBAY而沒有成功，恐怕
要一路向下追價，實際撮合價格與C點之間的距離可能高達
$1。就這個例子來說，最好趁著價格還在上漲時進場；換言
之，進場價格可能低於股價折返到61.8％之前。空頭部位建
立之後，如果股價繼續彈升到70％附近，就應該認賠，損失
大約10％。你的進場價格不太可能剛好是折返走勢的頂點；
事實上，如果你在折返過程中進場，風險已經去掉一大半
了。

衡量趨勢

　　尋找趨勢明確的市場，只是工作的一部分。即使你找到
這類的對象，還必須盤算該趨勢可能發展到什麼地步。費伯
內西比率也有助於預測趨勢的發展水準。換言之，計算前一
皮順勢走勢的價格長度，然後分別乘以1.382、1.5與1.618，
接著把這些數據，加到上升走勢的低點，或由下降走勢的高
點扣減，所得到的結果，就是三個目標價位。以稍早EBAY
的走勢圖做為例子，股價由A點跌到B點，價格長度為
$4.50。把$4.50分別乘以1.382、1.5與1.618，然後用波段最高
價70減掉此三個數據，目標價位分別為63.78、63.25與
2.72。實際的結果如何呢？D點為63.75，幾乎就是1.382的
則量結果。純屬巧合嗎？

如何判斷趨勢是否已經結束？

　　交易者必須知道既有趨勢是否即將結束或已經結束，否則部位恐怕無法及時出場。除了一些顯著的跡象之外（例如：突破趨勢線），更可以透過走勢圖分析趨勢狀況。對於既有的上升（下降）來說，只要價格繼續停留在前一波低點之上（高點之下），上升（下降）趨勢就還沒有遭到破壞。請參考圖6-11的糖日線圖，一直到C點跌破前一波低點（A點）為止，上升趨勢才遭到破壞。當價格由C點向上彈升時，到了D點就折返，顯然沒有穿越前一波高點（B點）而創新高，這可以確認上升趨勢已經結束。

　　另外，我們也可以觀察波浪走勢的強度。順勢波浪的長度與強度，應該超過逆勢波浪。一旦順勢波浪明顯轉弱，強

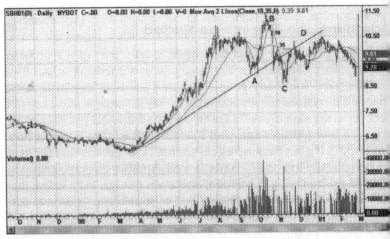

圖6-11　糖日線圖：上升趨勢告一段落。

度不及逆勢波浪，就代表既有趨勢即將結束。這種現象也發生在圖6-11，B點到C點的逆勢下降波，強度顯然超過C點到D點的順勢上升波。

既有趨勢即將結束時，經常可以看到價格突然夾著大量而順勢大漲（或大跌）。這種走勢通常意味著逆勢部位已經覺得恐慌而急著認賠，或順勢部位陷入陶醉而大膽加碼。請留意圖6-11的B點，當時的價格暴漲，成交量也急速擴大。每個人都急著買進或回補，幾乎已經沒有剩餘的買盤；在這種情況下，一旦出現賣壓，價格將急轉而下，因為已經沒有買盤可以提供支撐。只要搶進的買氣告一段落之後，漲勢就結束了。

關於趨勢即將結束的其他現象，我也會觀察移動平均的表現。就圖6-11的B點來說，雖然價格急漲，但35天移動平均沒有繼續上揚。這種現象本身就代表趨勢即將結束，但我仍然會留意移動平均是否出現「泡沫」。當快速均線加速遠離慢速均線，就稱為「泡沫」，B點就是如此。在這種情況下，快速均線經常會突然向慢速均線靠攏，使兩條均線之間的距離恢復較正常的水準；這種靠攏現象經常會導致趨勢反轉，如同B點的情況。

承認趨勢已經結束

判斷既有趨勢是否結束，這只是交易者面臨的一部分問題；其他的問題包括：承認趨勢已經結束，斷然採取行動。當趨勢方向發生變化之後，很多人往往遲遲不願結束部位，

原因很多。就我個人來說，最經常出現的理由是「我會在下一波走勢中出場」。幾分鐘以前，我的每股獲利還是$1，現在只剩下6毛錢，再等一下，只要獲利回到$1或9毛錢，我就出場。由於不願斷然出場，最後恐怕連6毛錢獲利也沒了。還有一種情況，某些人對於自己持有的部位會產生難以割捨的感情。無論如何，只要你能判斷既有趨勢已經結束，就應該出場。即使這意味著你必須犧牲部分的既有獲利，甚至認賠，也應該儘快出場，期待或頑固的心理只會造成傷害。

成為最佳交易者

　　如果想成爲最佳交易者，最重要的，就是**順著市場的主要趨勢方向進行交易**。只要遵守這個原則，就可以讓勝算提高不少。順勢交易，往往代表輸贏的分野。相較於逆勢行情，順勢行情通常較爲強勁、持久，所以應該儘量順著趨勢發展方向進行交易。成功的交易者，往往只願意順著主要趨勢方向操作，並且在折返過程建立部位。你可以採用較高時間架構走勢圖的趨勢線、移動平均或通道，判斷主要趨勢的發展方向，然後在較短期時間架構上進行交易。不妨對各種不同時間長度的移動平均進行測試，挑選一組最適用的均線。移動平均的期間愈長，訊號愈可靠，但短期均線的訊號比較及時；由另一個角度說，愈長期的均線，其訊號落後價格走勢的程度愈嚴重；愈短期的均線，其訊號愈經常反覆。

　　判斷趨勢發展方向之後，還必須知道當時的市場位在趨勢發展過程的哪個位置，才能避免追價，或避免在折返走勢

中過早進場。同時採用多種時間架構，有助於判斷當時的市況發展，瞭解行情是否過度延伸，尋找折返走勢的可能支撐／壓力區。即使能夠確定趨勢發展的方向，也不應該莽撞進場；最好等待折返走勢即將結束時才進場。折返走勢的目標，很可能位在重要趨勢線或移動平均附近，也可能是前一波順勢走勢長度的38.2%、50%或61.8%。當然，你未必能準確預測折返走勢的目標，但至少可以等待折返走勢發生，就能減少部分的風險。運用ADX分析趨勢的強度，藉以判斷如何獲利了結。另外，必須注意既有趨勢是否即將結束或已經結束。只要你認爲趨勢已經結束，就立即出場。千萬不要嘗試掌握最後一隻腳，迅速出場。總之，隨時記住趨勢是你的朋友，就能讓你成爲最佳交易者。

沒有適當運用趨勢的危險性：

1. 勝算偏低的交易。
2. 處在行情發展的錯誤一邊。
3. 追　價。
4. 不曉得行情發展何時過度延伸。
5. 在逆勢行情中追求蠅頭小利。
6. 忘了移動平均是落後指標。
7. 不願承認趨勢已經結束。
8. 誤判趨勢線突破走勢。
9. 過度強調較無意義而不持久的短線趨勢。
10. 等待強勁走勢中永遠不會發生的折返。
11. 因爲折返走勢而發生虧損。
12. 停止單設定在折返走勢目標區的錯誤一邊。

13. 忘掉沒有所謂過高或過低的價格。

14. 部位持有過久。

順勢的高勝算交易：

1. 知道趨勢發展方向。

2. 最佳交易都是順著趨勢發展方向進行。

3. 運用多重時間架構來判斷市況。

4. 假設主要趨勢線與移動平均不會被價格貫穿。

5. 傾斜角度平緩的趨勢線較可靠。

6. 期間較長的趨勢線比較能夠反映趨勢。

7. 等待折返走勢。

8. 不要追價。

9. 不要試圖與市場抗衡。

10. 即使是最強勁的趨勢，也一定會出現某種程度的折返。

11. 進場價格愈接近趨勢線，風險／報酬比率愈理想。

12. 操作方法儘量保持單純。

13. 如果最近一波走勢沒有觸及通道邊緣，或不及前一波走勢，就必須留意趨勢是否即將結束。

14. 利用ADX分析趨勢強度。

15. 趨勢愈強勁，部位持有時間也應該長一點。

16. 預期行情即將折返而結束順勢部位，最好不要反轉部位。

17. 反轉部位之前，應該等待趨勢線突破的確認訊號。

18. 留意移動均線之間產生的泡沫現象。

19. 留意費伯納西折返比率。

20. 停止單不應該剛好設定在折返目標水準。

21. 估計行情能夠發展多遠。

值得提醒自己的一些問題：

1. 我是否順著主要趨勢方向進行交易？

2. 如果在這裡進場，是否有追價之虞？

3. 目前的走勢看起來是否會停頓？

4. 行情已經折返多少幅度了？

5. 此處進場的風險有多大？

6. 支撐區在哪裡？

7. 就追蹤行情的時間架構來說，目前走勢是否過度延伸？

8. 目前行情還有多少發展空間？

9. 在每個時間架構上，我對於行情的看法是否都很清楚？

第 7 章

運用擺盪指標

不同人對於相同行情的判斷可能截然相反：某個人認為上升趨勢非常強勁，另一個人則認為走勢已經嚴重超買而應該回檔。當然，市場參與者各有不同的看法，這原本是好事，因為如此才永遠都有人買進，也有人賣出。判斷行情何時會折返，或何時會繼續發展，確實不容易，但如果能夠運用隨機指標（stochastics）或相對強弱指數（RSI）等動能擺盪指標（momentum oscillators），交易者顯然佔有一定的優勢。

擺盪指標

我發現擺盪指標是交易系統不可或缺的重要工具；可是，雖然很多人運用擺盪指標，卻不知道正確的使用方法，另一些人則根本懶得理會擺盪指標。擺盪指標經常可以告訴你如何拼湊交易拼圖，傳達各種行情資訊，包括：**趨勢方向、走勢強度與潛在反轉**。擺盪指標也可以協助拿捏進、出場時效。如果運用恰當，擺盪指標絕對可以提升交易勝算。

對於區間走勢，擺盪指標能夠用來判斷頭部與底部；在趨勢明確的行情中，如果配合順勢操作策略，擺盪指標也可以協助你設定進、出場時效。如此一來，擺盪指標可以幫助交易者及時掌握強勁的走勢，也可以在趨勢反轉之前讓交易者及時出場。擺盪指標有多種不同的運用方式，每位交易者都可以根據自己風格挑選適當方法。

擺盪指標的種類很多，例如：隨機指標、相對強弱指數、動能指標、移動平均收斂發散指標（MACD）與價格擺盪指標，這些指標各有不同的特色，但它們的基本走勢與運用方式都大致相同。圖7-1顯示幾種不同的擺盪指標，各位可以發現它們的走勢都約略相同。在A、B、C、D點價格谷底，擺盪指標也見底；在E、F、G點價格峰位，擺盪指標也作頭。擺盪指標的走勢與價格不同，價格上檔沒有限制，但擺盪指標的讀數存在特定範圍。擺盪指標不同於趨勢、趨勢線與移動平均，後者會一直隨著行情發展，但擺盪指標讀數有一定的上檔極限，絕對不會超越。舉例來說，股票價格在理論上沒有高限，但擺盪指標只能擺盪於特定讀數範圍內。擺盪指標一旦觸及讀數上限或下限，就不能繼續上升或下降。請參考圖7-1的各種擺盪指標，某些擺盪於0與100之間，有些則在0線上下擺盪。

功　能

原則上，擺盪指標所反映的是價格變動的速度。概略而言，擺盪指標是比較兩個特定時間點的價格，藉以判斷行情

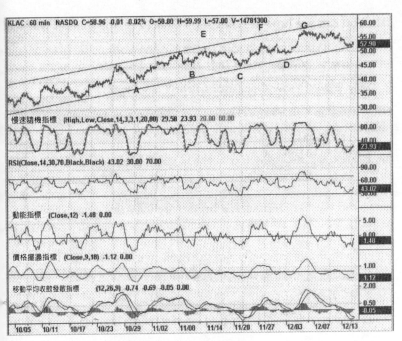

圖7-1　KLAC 60分鐘走勢圖：擺盪指標的走勢。

發展究竟是累積動能或喪失動能。隨著市場走勢愈來愈強勁，收盤價往往會愈來愈接近盤中高價。如果價格持續走高，而且上漲速度愈來愈快，擺盪指標走勢也會上揚。反之，如果價格的上漲速度減緩，盤中高價沒有繼續創新高，價格不繼續收在盤中高價附近，擺盪指標走勢就會下滑。請注意，即使價格繼續走高，但只要上漲速度維持不變或減緩，擺盪指標的走勢就會持平或下降。請觀察圖7-2價格走勢的A點，價格繼續上漲，但盤中高價沒有繼續創新高，這導致隨機指標由A點開始向下反轉；在價格走勢轉弱之前，擺

盪指標已經先行轉弱。請注意，當擺盪指標觸及超買高限，並不代表價格就會作頭，我們經常可以看到，擺盪指標已經嚴重超買，但價格繼續上漲，而且持續很長一段期間，例如圖7-2的B點之前，以及C點與D點之間。這些情況下，交易者應該以價格本身的趨勢為主，只利用擺盪指標來確認價格趨勢。不過，這種話說起來雖然很輕鬆，但實際做起來就不容易了，因為很難猜測價格走勢何時會反轉。

擺盪指標基本概念

　　討論個別擺盪指標之前，我希望先介紹相關的基本概念。一般而言，擺盪指標走勢圖都放在價格走勢圖下側，指標讀數通常介於0與100之間，或擺盪在零線上下。如果讀數

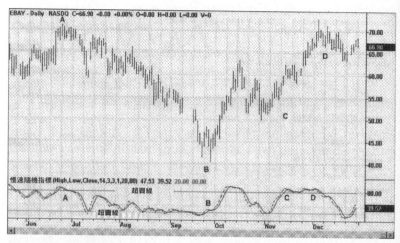

圖7-2　EBAY日線圖。

介於0與100之間，通常都有兩條水平直線，分別代表超買與
超賣區的界線（請參考圖7-2）。超買界線的讀數通常都位在
70到80 附近，超賣界線則在20到30附近。一旦擺盪指標進入
超買、超賣區，既有趨勢就很可能停頓或反轉。在超買、超
賣區內，對於順勢部位，交易者應該考慮獲利了結，或至少
要了結部分獲利。對於空手者來說，如果指標處在超買區，
多頭部位就應該等待價格折返，或在適當情況下直接建立空
頭部位。某些擺盪指標會在零線上下波動，沒有特定的超
買、超賣界線；在這種情況下，分析者必須觀察走勢圖，藉
以判斷超買或超賣。對於這類擺盪指標，零線是判斷動能變
化的重要基準。關於擺盪指標的運用，雖然不同市場可能適
用不同的參數值，甚至每個市場因為時間長度不同也適用不
同的參數值，但我不喜歡技術指標變得太複雜，所以每個市
場與每個時間架構都採用相同一組參數。通常我都採用一般
交易者最常用的期間，因為我不希望自己的反應不夠及時，
也不希望反應太快而套在預期、但沒有發生的走勢內。就隨
機指標來說，通常我都採用大多數套裝軟體採用的14-3-3參
數組合。我不想自作聰明，不打算針對每個市場找到一組最
佳的參數。我對於一般慣例已經很滿意了。另外，我認為擺
盪指標之所以重要，是因為觀念重要，而不是因為某組參數
值特別好用。接下來的篇幅裡，準備討論一些我個人最喜歡
的擺盪指標。

自我實現的預言

　　我認為擺盪指標之所以能夠如此精確，一方面是因
為自我實現預言（self-fulfilling prophecy）的緣故。如果

> 很多交易者都留意相同的技術指標，只要該指標進入超
> 賣區，大家都預期價格很可能反彈，空頭部位都會開始
> 回補。在這種情況下，價格自然會真的反彈，使得擺盪
> 指標回升。大家看到指標由超賣區折返中性區的「訊
> 號」，於是開始買進，使得價格進一步走高。如果訊號真
> 的有效，價格漲勢就會持續發展；如果訊號屬於假訊
> 號，價格還是會回到原先的趨勢。

隨機指標

　　隨機指標是我最喜歡的技術指標之一。我所採用的每份
走勢圖，不論是1分鐘走勢圖或週線圖，都有隨機指標。原
因何在？因為我希望看到市場的動能發展，瞭解行情究竟已
經進入超買區或超賣區，或者還有繼續發展的空間。從第一
天交易開始，甚至在我還不瞭解其真正功能之前，就已經盯
著這項指標。

　　1980年代末期，當我剛進入場內交易時，大廳放著一些
供交易員共同使用的電腦。有一天，我看到某架螢幕上顯示
原油的走勢圖，以及某位交易員叫出來的隨機指標。我很喜
歡這項指標的表現，往後也就一直觀察。最初，我並不知道
如何運用隨機指標，只是發現它的峰位、谷底轉折點，總是
對應著價格走勢。當我慢慢瞭解這項指標的意義之後，其表
現對我的影響也愈來愈大。每當我忽略或誤解它，我發現自
己總是在追價，要不然就是在最差時機過早出場。

　　雖然隨機指標可能是運用最普遍的擺盪指標之一，但多

數人未必知道其功能、計算公式或正確的運用方法。大家之
所以採用隨機指標，只因為「大家都採用」，而且它似乎總
能夠精確預測行情的頭部與底部。隨機指標有兩種不同形
式：慢速指標與快速指標；慢速指標比較常用，也是本書準
備討論的形式。

　　慢速隨機指標由兩條曲線構成：%D線與%K線（本書走
勢圖採用虛線標示%K）。%K衡量最近5天收盤價的相對位
置，圖形中顯示的%K實際上是%K的3期移動平均。至
於%D，則是前述經過平滑之%K的3期移動平均。（譯按：
在快速隨機指標中，%K是快速線，%D是慢速線，所謂的慢
速線[%D]就是快速線[%K]的3期移動平均；對於慢速版本的
隨機指標來說，其快速線[%K]則是快速版本指標的慢速線
[%D]，然後此處的快速線經過3期移動移動平均之後，又成
為慢速版本指標的慢速線。）雖然隨機指標是由%K與%D構
成，但%D比較重要，因為%D經過兩次平滑處理，走勢比較
穩定。

慢速隨機指標計算公式

%K = 100¥(C-L(5)) ╱ R(5)

%D定義為最近3期的%K平均值

%D = %K的3期移動平均

C = 最近收盤價

L(5) = 最近5期的最低價

R(5) = 最近5期的價格區間

　　隨機指標走勢圖通常放在價格走勢圖的下側，指標讀數介於0到100之間。超買界線通常設定為70到80之間，超賣界線則設定為20到30之間。我個人通常採用25為超賣界線，75為超買界線，如此可以提供較多的訊號。

　　隨機指標是衡量最近收盤價處在價格區間內的相對位置。就理論上來說，如果價格處在上升趨勢，收盤價通常會較接近最高價；反之，在下降趨勢中，價格傾向於收在最低價附近。隨著市場動能轉強，收盤價會慢慢往最高價附近靠攏，使得隨機指標上升。趨勢最強時，價格會收在最高價，隨機指標讀數也會逼近100。一旦價格漲勢趨緩，收盤價慢慢脫離最高價，指標讀數開始下降。請注意，即使漲勢持續，收盤價持續走高，但只要收盤價慢慢脫離最高價，動能還是會下降（換言之，價格雖然繼續上漲，但上漲速度減緩）——這種情況就已經足以讓隨機指標下滑。

　　請觀察圖7-3的陰影部分。在價格漲勢過程中，收盤價逼近5分鐘線形的最高價。隨著上升趨勢發展，收盤走勢愈來愈強勁，隨機指標也持續上揚，直到進入超買區為止。最後，盤中高價無法持續創新高，收盤價轉趨橫向發展。這時行情喪失上漲動能，上漲速度已經減緩，隨機指標也開始下滑。不久，價格走勢本身也會跟著下跌。

　　隨機指標有多種運用方式，但交易者的實際用法，往往只侷限在自己的認識範圍內。初學者最常用方式，就是隨機指標在超賣區向上翻升時買進，在超買區向下反轉時賣出。

如果價格在特定區間之內來回遊走，這種運用方式或許適用，但絕不適用於趨勢明確的行情；而且也不是隨機指標在設計上應該被運用的方式。判斷超買、超賣狀況，只是隨機指標的一部分功能。由於隨機指標的主觀用法很多，如果要把它納入純機械性的交易系統，恐怕會有些困擾，我們稍後還會討論這個問題。

隨機指標構成的一些適當交易策略

以下範例準備藉由圖7-3來解釋。請注意，每當我由多方立場說明時，同樣方法也適用於空方。另外，此處暫時忽略多重時間架構與長期趨勢，但這些觀念在實際操作上仍然很重要，我們稍後還會討論相關問題。

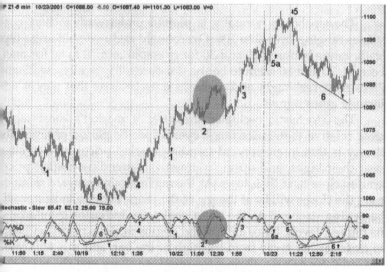

圖7-3　S&P 500 5分鐘走勢圖：隨機指標的功能。

一、當快速線與慢速線都位在超賣區之上而向上發展時

這是運用隨機指標的最根本原則。當快速線（%K）與慢速線（%D）都朝明確方向移動，適合進場建立部位；就圖7-3兩個標示1的例子，%K與%D都在超賣線之上反轉上升，適合進場作多。進場當時的指標讀數愈小，部位的上檔空間愈大。如果指標在超賣區內翻升，最好等待指標向上穿越超賣線之後才進場買進。這種操作方式非常適合區間來回遊走的行情，而且可以多、空轉換操作；對於趨勢明確的市場，則只適合順著趨勢方向建立部位，反向訊號只用來結束順勢部位，但不適合建立逆勢部位。

二、當快速線向上穿越慢速線時

這是隨機指標最常用的穿越系統。當%K由下往上穿越%D，代表買進訊號，但必須留意假訊號。穿越位置可能在超賣線之上或之下，超賣區內的穿越訊號潛能較大，但必須等待指標實際穿越超賣線之後才買進；換言之，穿越超賣線可以視為買進訊號的確認。

穿越發生的位置，如果在%D見底回升之後的階段（換言之，不是在%D還繼續下滑的階段），訊號較強勁。由於%K是快速線，所以%K的翻升時間經常快過%D，但%K的翻升速度如果較慢，往往意味著反轉走勢也較強勁。請參考圖7-3標示2的例子，對於這麼強勁的走勢，穿越訊號很少發生在超賣區。總之，不論穿越發生位置在哪裡，通常都應該朝著穿越方向操作。

三、當快速線與慢速線都位在超買區，而且還沒有向下反轉之前的多頭部位

即使指標已經進入超買區，價格仍然可能繼續上漲一段期間，請參考圖7-3標示為3的例子。超買並不代表既有漲勢就應該結束；事實上，行情可能還有很大的上檔空間。這也是擺盪指標在運用上讓人覺得棘手的地方：有時超買區代表漲勢應該結束，有時則代表漲勢正猛烈的階段。隨機指標只要繼續位在超買線之上，基本上就應該抱著作多的態度，尤其是在多頭趨勢明確的行情之下。至於多頭部位的出場訊號，則可以等待快速線與慢速線都跌破超買線。

四、指標走勢強勁而重新測試極端區域

指標進入超買區之後又回到中性區，然後又隨著價格上漲而重新挑戰超買線，這屬於買進訊號（請參考圖7-3標示4的例子）。情況雖然很類似範例3，但這是更好的機會，因為行情試圖拉回而欲罷不能。指標重新測試超買線，代表上升趨勢很強勁。某些情況下，隨機指標可能長期停留在超買區，而價格漲勢不斷。對於這類行情，很多交易者可能錯過，甚至可能因為反向部位而受傷嚴重。如同稍早所說的，只要指標停留在超買區域，基本上就應該保持作多的心態，尤其是在趨勢很強勁的情況下。

五、留意隨機指標的失敗走勢

此處採用空頭部位的例子來說明。隨機指標在超買區作頭而向下反轉，但隨後又向上彈升，使得作頭走勢看起來似乎將失敗。回升過程中，如果快速線不能完全向上穿越慢速

線，就可以考慮放空。請參考圖7-3標示5的例子。我們看到指標作頭之後又嘗試回升，但%K不能穿越到%D之上；這種試圖反彈而失敗的現象，代表放空的機會。雖然空頭部位違反既有趨勢的發展方向，但當時距離先前高點不遠，萬一判斷錯誤，認賠的風險很有限。

前述失敗走勢，未必要發生在超買區峰位或超賣區谷底之後。只要指標快速線與慢速線變更方向，然後%K反轉而不能穿越%D，就屬於失敗走勢。失敗走勢可以做為確認訊號，顯示指標最初變更方向的訊號確實有效。請參考圖7-3的範例5a，我們發現快速線與慢速線都向上反轉，然後%K稍微拉回，觸及%D之後又立即彈升。這意味著行情走勢仍然強勁。

六、留意價格本身與隨機指標之間的背離走勢

價格走勢與隨機指標之間如果出現背離現象，這可能是最有效——但也是最少人使用——的訊號。本章稍後會詳細討論價格與擺盪指標之間背離現象，但此處讓我們先做一些說明：如果價格創新低，但隨機指標沒有創新低，這就發生背離現象。一旦出現這類的背離，意味著價格雖然創新低，但跌勢已經喪失動能，不久之後將向上反轉。請觀察圖7-3標示為6的兩個例子，我們發現價格跌勢的兩個低點愈來愈低，但隨機指標對應的低點位置卻愈來愈高。第一個例子，背離訊號引發3天的漲勢，第二個例子，背離訊號剛好對應著當天的最低點。

相對強弱指數（RSI）

　　如同隨機指標一樣，相對強弱指數（RSI）也是一種動能指標，衡量股票或期貨價格在特定期間內——通常為14期——的相對變動量，指標讀數介於0到100之間。RSI基本上是衡量特定期間內上漲收盤價與下跌收盤價之間的比率。RSI通常採用14期，但也可以計算其他期間的RSI。如同任何類似指標面對的問題一樣，計算期間愈短，指標讀數愈敏感（及時），訊號頻率愈高，但訊號也相對不可靠；反之，計算期間愈長，訊號愈可靠，但往往不夠及時。RSI可以用來判斷行情是否進入超買或超賣區，或顯示行情動能是否持續發展。行情動能轉強，RSI就會走高；可是一旦RSI進入嚴重超買狀況，價格漲勢就很可能拉回整理。不過請注意，當行情即將突破重要壓力或創新高時，RSI經常會處在超買狀態。

相對強弱指數構成的一些適當交易策略

一、RSI由超賣區折返

　　一般使用上，RSI超買界線通常設定在70到80之間，超賣界線則設在20到30之間。傳統運用上，每當RSI下降到30之下（進入超賣區），就代表買進訊號；反之，每當RSI上升到70之上（進入超買區），就代表賣出訊號。就我個人的運用來說，唯有當RSI由超賣區折返到中性區域，才考慮買進，也唯有當RSI由超買區折返到中性區域，才考慮賣出。此處，我利用S&P指數的一些例子來說明，其中包括一些區間走勢，藉以強調擺盪指標最有效的運用。請參考圖7-4標示

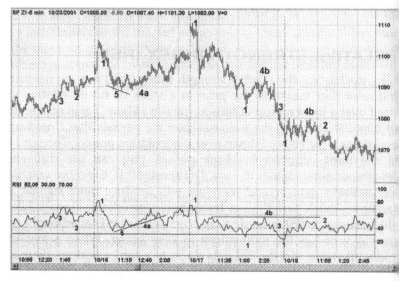

圖7-4　S&P 500 5分鐘走勢圖：相對強弱指數的說明。

為1的四個例子，放空訊號發生在RSI由超買區折返，買進訊
號發生在RSI由超賣區折返。特別強調一點，只要RSI在超買
區形成峰位或在超賣區形成谷底，很多人就視為訊號，但最
好還是等待指標折返到中性區域。

二、RSI跌到50附近

　　如果行情很強勁，RSI或許不容易跌到30；所以，只要
RSI跌到50附近或稍低，就可以視為買進機會。這類情況
下，50可以看成支撐／壓力線。RSI折返走勢經常會停頓於
50附近。圖7-4有一些適用的例子（標示為2），價格存在些許
趨勢，雖然嘗試折返整理，但停頓於50。總之，市場發展未
必始終會進入超買或超賣區。如果RSI停頓在中線附近，或

許也是不錯的進場點。

三、RSI高於50適合買進

RSI不一定要用來判斷行情超買或超賣，也可以用來判斷趨勢。如果RSI大於50，意味著市場動能朝上，只適合買進。一般來說，只要RSI向上穿越50之後，就應該由多方角度操作；反之，如果RSI跌破50，只適合放空。請參考圖7-4標示為3的第一個例子，如果你在RSI向上突破50時買進，就可以參與一大段漲勢。至於第二個標示為3的例子，RSI跌破50代表理想的放空機會。

四、留意RSI的技術型態

RSI可以被看成像價格一樣，運用各種技術方法進行分析，例如：繪製趨勢線、評估壓力與支撐等等。RSI趨勢線的可靠性類似價格。圖7-4顯示一些RSI的趨勢線，顯示適合交易的方向。請參考範例4a，在趨勢線形成而沒有遭到破壞之前，都適合買進。一旦趨勢線遭到貫穿之後，可以考慮放空或結束多頭部位。甚至我們可以藉此判斷行情是否過度延伸，換言之，觀察RSI讀數是否遠離趨勢線，若是如此，RSI就很可能會折返趨勢線。我們也可以把價格型態的結論引用到RSI。請參考範例4b，RSI先出現雙重頂，然後演變為三重頂，構成強大壓力區。指標幾度嘗試穿越頂部構成的壓力區，結果都是以失敗收場，而且價格回檔都相當嚴重。

五、留意價格本身與RSI之間的背離走勢

如同隨機指標的情況一樣，要特別留意價格與RSI之間

出現的背離現象。請參考圖7-4的範例5，在價格趨勢向上反
轉之前，我們發現價格走勢與RSI之間先出現正性背離；換
言之，價格創新低而RSI在對應位置沒有創新低。背離現象
屬於最可靠的訊號之一。

RSI計算公式

RSI = 100-(100／1+RS)

RS＝x期收盤上漲差價平均值／x期收盤下跌差價平
　　均值

x是計算期間，通常為14期

計算期間愈短，RSI波動愈劇烈

計算平均值可以採用一般或指數方法

移動平均收斂發散指標（MACD）

MACD（Moving Average Convergence-Divergence）是我
採用的另一種擺盪指標。MACD採用指數方法計算平均值，
這種方法比較強調近期資料，換言之，給予近期資料較大的
權數，但又不會完全捨棄過去的資料（只是權數愈來愈小而
已）。MACD的讀數波動於零線（中點線）的兩側。不同於
稍早討論的隨機指標與RSI，它們的重點在於超買／超賣，
但MACD的**觀察重點是零線（均衡線）**。所謂的MACD圖
形，實際上是由兩條移動平均構成，一條是MACD線（屬於
快速線，圖7-5顯示為虛線），另一條是訊號線（屬於慢速
線），訊號線是MACD的9期移動平均。當MACD線與訊號線
相互靠攏，稱為**收斂**；反之，當兩條線分離時，稱為**發散**，

這也是該指標的名稱由來。行情趨勢發展強勁時（不論上漲
或下跌），兩條均線就會發散；行情趨勢轉弱時，兩條均線
就會彼此收斂，直到相互交叉。MACD與訊號線之間的差
值，在圖形上繪製為柱狀圖。柱狀圖就扮演擺盪指標的角
色，衡量快速線與慢速線之間的收斂、發散程度。隨著價格
漲勢轉強而兩條均線彼此發散，MACD柱狀圖就會朝零線上
方加長。當兩條均線彼此交叉時，MACD柱狀圖剛好落在零
線上。同理，隨著價格跌勢轉強而兩條均線彼此發散，
MACD柱狀圖就會朝零線下方加長。

　　如同其他擺盪指標一樣，MACD也可以用來判斷行情超
買或超賣，尤其是在橫向區間走勢內。由於沒有明確的超買

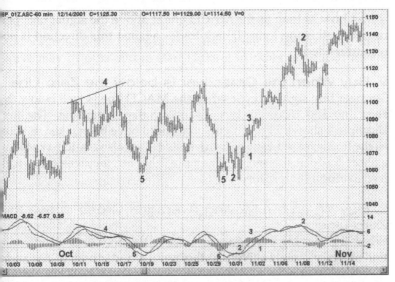

圖7-5　S&P 500 60分鐘走勢圖：MACD的功能。

與超賣界線，使用者必須藉由最近的資料，主觀判斷MACD
是否接近頂端（超買）或底端（超賣）。當然，MACD也只
是一種技術指標，其訊號有時有效、有時無效；可是，如果
適當運用的話，MACD是一種功能很強的指標。

MACD構成的一些適當交易策略

一、當MACD線位在訊號線之上適合買進

　　原則上，當MACD線（虛線）位在訊號線之上，只適合
操作多頭部位；反之，當MACD線位在訊號線之下，只適合
操作空頭部位。關於這項準則，可以觀察移動平均線或柱狀
圖。如果柱狀圖位在零線之上，就代表MACD線位在訊號線
之上，只適合買進；如果柱狀圖位在零線之下，就代表
MACD線位在訊號線之下，只適合放空。請參考圖7-5的範例
1，當MACD由下往上穿越訊號線之後，多頭部位的獲利很
不錯——在這種情況下，我們不建議建立空頭部位。

二、零線之下的穿越

　　MACD遠在零線之下，開始向上翻升，一旦由下往上穿
越訊號線，代表強勁的買進訊號。請參考圖7-5第一個標示為
2的例子。在超賣區內，快速線向上穿越慢速線，這是很好
的買進訊號。至於標示為2的第二個例子，顯示賣出訊號。

三、當移動平均線向上穿越零線

　　當移動平均線向上穿越零線，可以視為買進訊號的確
認。如果交易者已經持有多頭部位，可以在此加碼，空手者
適合直接買進。當MACD向上穿越零線，也就代表短期指數

移動平均（EMA）由下往上穿越長期指數移動平均，這也是
一般移動平均穿越系統的買進訊號（譯按：MACD線是由兩
條EMA構成，也就是短期EMA減去長期EMA的差值，請參
考「MACD計算公式」）。圖7-5的範例3顯示這種買進訊號。

四、留意價格本身與MACD之間的背離現象

如果價格走勢與MACD之間出現背離，這是最有效的訊
號之一。請參考圖7-5的範例4，價格走勢創新高，但對應的
MACD走勢卻出現下滑的峰位，兩者之間出現明顯的負性背
離，代表行情即將大幅回檔。

五、觀察MACD柱狀圖的技術型態

你也可以把一般的技術分析技巧直接引用到MACD柱狀
圖。柱狀圖在零線之下形成底部，而且開始向上翻升，可以
考慮買進（請參考圖7-5的範例5）。如果柱狀的長度持續減
短，代表趨勢發展逐漸喪失動能（包括上升或下降趨勢在
內），這種現象經常發生在均線穿越或零線穿越之前。請注
意，如果你想藉由擺盪指標預測還沒有形成的走勢，判斷很
可能發生錯誤。通常我採用柱狀圖的峰位與谷底判斷趨勢是
否已經結束，或尋找部位出場或反轉的機會。

MACD計算公式

MACD線（快速線）＝(短期EMA-長期EMA)

訊號線（慢速線）＝MACD線的9期移動平均

MACD柱狀圖＝快速線-慢速線

常用預設值

> 短期EMA＝12期EMA
>
> 長期EMA＝26期EMA
>
> MACD線的平均期間＝9期
>
> EMA＝exponential moving average（指數移動平均）

運用擺盪指標拿捏交易時效

擺盪指標的最主要功能之一，就是**協助交易者拿捏進場
與出場的時效**。藉由擺盪指標幫忙，交易者比較不至於追
價，等待更適當的進場點，也可以避免在最糟情況下出場。
交易者只要能夠有效改善這些問題，績效絕對可以顯著提
升。一般而言，行情發展都會呈現波浪走勢。隨著行情持續
走高，指標讀數隨之攀升，多頭在超買區也會產生戒心，因
為這經常是行情停頓或反轉的位置。擺盪指標可以針對超買
情況提出警告。一旦擺盪指標逼近高限區域，就不是理想的
買進時機，因為行情漲幅已大，走勢拉回的機會很高。當
然，漲勢確實可能完全不停頓，但拉回整理的可能性畢竟較
高。然而，很多交易者在此大膽買進，根本不參考擺盪指
標，甚至不瞭解行情已經顯著超買。他們擔心錯失機會，漲
勢看起來非常強勁，每個人都談論著賺多少錢，所以他們相
信漲勢會繼續發展，結果買在最高點。事實上，這是交易者
應該考慮出場──而不是進場──時。假定行情超買而價格
持續走高，如果你因為等待折返走勢而錯失進場機會，這是
可以接受的。等待擺盪指標折返，或等待進場訊號，絕對可
以提高勝算。總之，儘量不要在超買區買進，即使價格可能
繼續走高。等待行情拉回，或許需要一點耐心，但保持耐心

通常都有代價的。

　　舉例來說，假定你觀察5分鐘走勢圖（圖7-6）而考慮買進KLAC。在A點附近，股價剛出現一波不錯的漲勢而吸引你的注意。精明的交易者不會在這裡買進；請留意隨機指標的情況，當時的讀數顯然嚴重超買，稍後很可能會折返整理，然後才繼續上揚。即使股價稍微回檔，但只要在超買區域買進，情況就不很理想。不要追價才是聰明的做法，繼續觀望，耐心等待隨機指標進入超賣區。行情回檔過程中，繼續克制進場的衝動，直到B點為止。這時相對於A點而言，進場買進的賺錢機會大增。進場之後，假定你決定繼續持有部位，直到明確的出場訊號發生為止。不幸的，當C點峰位發生時，假定你正在洗手間而沒有掌握出場機會。當你回來時，股價一路下挫而直奔超賣區的D點。當時，很多人都決

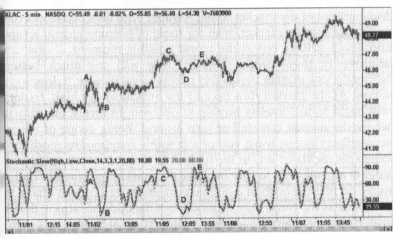

圖7-6　KLAC 5分鐘走勢圖：拿捏時效。

定出場，因為既有獲利已經逐漸消失，甚至發生虧損（對於那些在C點追高買進的人而言）。可是，對於精明的交易者來說，當擺盪指標處在超賣區域，就應該觀察指標是否有回升的跡象，然後才決定如何採取行動。就目前這個例子來說，指標再度脫離超賣區，並且扶搖直上而到達超買區的E點，然後在超買界限上下波動。這時你可以決定獲利了結。當然，情況發展未必始終如此完美，但你至少應該給市場一些機會，看看是否能夠由超賣區脫困，尤其是在長期**趨勢**朝上發展的情況下。如果股價不能反彈，精明的交易者也會認賠出場；那些遲遲不願認輸的人，成功的機會實在不大。

擺盪指標的誤用

很多沒有經驗的交易者，經常誤用擺盪指標，因為他們總認為擺盪指標只是用來預測價格轉折點。多數交易者並不瞭解，擺盪指標不是設計用來預測行情轉折點，而是用來分析趨勢發展的各種條件是否一致，協助交易者在行情反轉之前出場。可是，很多人認為擺盪指標的唯一功能就是預測行情。最常見的一種錯誤，就是認為擺盪指標進入超買區，代表價格將下跌。如同前文強調的，如果漲勢夠強勁，擺盪指標可能長期停留在超買區域內。指標讀數位在超買區，只意味著價格上漲動能十足，走勢非常強勁，並不代表價格必須回檔整理。雖然價格漲勢盛極而衰的可能性很高，但不必然如此。過度延伸擺盪指標的意涵而猜測價格走勢，未必是明智的做法，因為指標經常會停留在超買或超賣區內很長一段時間。如果擺盪指標長期停留在超買、超賣區，交易者就不

要太強調超買或超賣的意義，應該回歸順勢操作的原則，因為如此才是最明智的做法。

誤用擺盪指標很容易造成虧損

為了說明這點，我只能說多年來嘗試運用隨機指標來預測行情頭部與底部，結果都不能賺錢，這足以證明隨機指標的這方面功能很有限。在超賣區域內，我嘗試猜測價格頭部，卻發現行情經常都繼續上漲。我也經常因為行情持續超賣而「應該」反彈，所以不願結束多頭部位。最後，終於發現擺盪指標應該配合其他指標或價格型態運作。一直到我曉得如何更明智的運用擺盪指標，操作績效才顯著改善。

擺盪指標的實務運用

相較於順勢指標來說，動能擺盪指標擁有一個顯著的優點：更及時的顯示反轉點。在來回游走的區間行情中，順勢指標提供的訊號經常有反覆的問題，擺盪指標則能夠精準的顯示短期頭部與底部。對於這類的區間游走行情，在超賣區買進／超買區賣出的策略很有效；可是，最大的困擾就是不知道當時的市況究竟是否存在明顯的趨勢；換言之，我們不知道究竟應該採用順勢指標或擺盪指標。根據統計，大約有20％的時候，市場存在明確的趨勢；在這種情況下，顯然應該採用順勢指標，如果誤用擺盪指標，代價非常慘重。因為只有在趨勢不明確的市況下，才適合採用擺盪指標；所以，可以考慮運用平均趨向指數（ADX），藉以判斷是否應該使用擺盪指標。概略來說，ADX讀數低於20，就代表市場缺乏

明確趨勢，行情大體上呈現橫向來回游走。在這種市況下，
順勢系統並不適用，交易者應該考慮擺盪指標為主的系統。

　　我曾經嘗試單獨採用隨機指標建立交易系統，但運氣不
是很好，結果並不成功；因此，我只把隨機指標當做次要訊
號，或做為一種確認訊號，告訴我可以建立哪一方向的部
位，或在哪裡出場或了結部分獲利。這也許會讓機械性交易
系統出現一些人為判斷的問題，但金融交易有時候確實必須
適應不同的市況、因應不同的市場型態與資金管理辦法。關
於擺盪指標的運用，技術型態往往扮演很重要的角色，例
如：雙重頂、趨勢線與背離現象。這些型態往往是擺盪指標
最可靠的運用方法，但很難把它們納入機械性交易系統。

背離現象

　　單純利用擺盪指標來猜測行情頭部與底部，其勝算遠不
如背離現象。除了本章稍早討論的一些例子以外，市場上還
可能出現其他型態的背離。瞭解這些背離現象，並且知道如
何進行交易，能讓你充分發揮擺盪指標的功能。就擺盪指標
的整體效益來說，背離現象可能是其中最突顯者。可是，如
果你打算運用背離進行交易，就必須隨時留意行情發展，因
為背離現象不容易設計進入電腦化交易系統，你必須經常留
意擺盪指標的變化。接下來，讓我們討論一些背離話題。

　　**一、價格與擺盪指標朝兩個不同方向發展，是最尋常的
背離。**這是市場喪失動能的典型徵兆，價格走勢已經不如先
前強勁。如果這種背離現象發生在行情頭部，往往代表很好

的交易機會。舉例來說,當擺盪指標在超賣區向上翻轉,接著又下滑,但沒有向下突破先前的低點,而價格在這個時候卻創新低。這種情況下,通常代表既有趨勢已經喪失動能。圖7-7標示為1的走勢就是很典型的案例,標示位置剛好對應著連續幾天殺盤的結束。

　　二、第二種類型的背離,是價格出現一段明確的下降趨勢,然後呈現橫向發展,但擺盪指標卻向上發展而進入超買區。這意味著價格並不存在擺盪指標發展方向的動能,既有價格趨勢經過一段休息之後,可能繼續發展。請參考圖7-7的範例2,隨機指標上揚進入超買區的過程中,價格幾乎完全沒有上漲的意思。這種交易機會的勝算之所以很高,是因為價格沒有出現應有的反應,換言之,價格沒有隨著擺盪指標上揚。在這個例子中,當隨機指標進入超買區,很多空手者

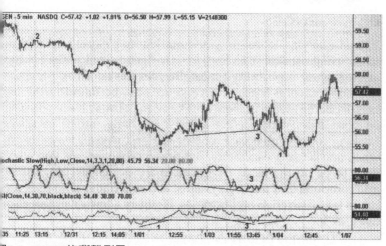

圖7-7　BGEN的背離例子。

等著放空，既有的多頭將徹底失望，造成股價重挫。雖然經過一段時間之後，才出現真正的大跌行情，但畢竟是很好的放空機會，因為股價在隨機指標由超買區折反之後再也沒有明顯的上漲。

三、當價格創新低而擺盪指標沒有創新低，這屬於最常見的背離，但相反情況也同樣有效。讓我們看看圖7-7的範例3，在下降趨勢中，價格沒有創新低，擺盪指標卻創新低。不論是隨機指標或RSI，底部都下滑，但價格沒有創新低。這通常意味著價格走勢可能改變方向，因為擺盪指標雖然繼續下降，但賣方卻不能有效壓低價格。就目前這個例子來說，如果交易者期待價格將大幅向上反轉，恐怕也會失望，因為價格反彈程度很有限，差價利潤也不大。可是，交易者畢竟應該瞭解這種背離型態。另外，這種現象也代表空頭部位至少應該做部分的獲利了結。

四、有時價格的趨勢向上，但擺盪指標的趨勢卻向下。這種背離現象顯然意味著行情不大對勁，價格走勢隨後很可能改變方向。請參考圖7-3標示為6的兩個範例，S&P指數不久之後都觸底回升。

個股與大盤之間的背離

我經常運用的另一種背離，是個別股票與大盤走勢之間的背離。舉例來說，某一天，股票市場的走勢很強勁，我作多一大堆股票，獲利也不錯。不久，大盤指數創新高，但我發現我持有的某些股票卻沒有跟著創新

高。換言之，我所持有的股票，並沒有反應大盤走勢。這意味著大盤不久將回檔，或者市場的領導類股已經輪換了；不論哪種情況，我都應該出脫這些股票。這種背離現象的另一種運用方式，是放空那些相對弱勢股票；對於既有多頭部位而言，這些空頭部位可以視為避險。

順著趨勢發展方向進行交易

擺盪指標最有效的運用方式之一，就是**配合順勢指標操作**。基本上，交易者都希望順著主要趨勢方向建立部位。因此，首先要知道行情發展的主要趨勢方向，然後在價格折返過程中利用擺盪指標建立順勢部位。舉例來說，對於明確的上升趨勢，趁著價格回檔，利用擺盪指標在超賣區尋找進場機會。請參考圖7-8，其中的A、B、C與D點都是很好的進場

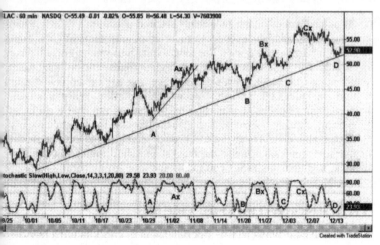

圖7-8　KLAC 60分鐘走勢圖：順勢交易。

機會。上升趨勢相當明確，但這四個進場點都對應著折返走勢告一段落的位置，而且B點與D點剛好觸及上升趨勢線。請注意，隨機指標當時都處在超賣區，進場的風險不高。這些多頭部位的出場位置如果設定為「隨機指標進入超買區之後再度折返進入中性區域」，那麼前三個部位的出場點分別為Ax、Bx與Cx。Ax是很好的出場訊號，因為價格與隨機指標之間產生負性背離：價格創新高而隨機指標沒有創新高，意味著價格漲勢即將告一段落。交易者之所以希望在隨機指標跌破超買界限時出場，主要是擔心行情拉回，所以這些出場點並不適合放空。反之，只要隨機指標繼續停留在超買區，就應該繼續持有多頭部位，因為我們不知道價格漲勢可能持續到何時。我不建議在出場點放空，因為空頭部位違反主要趨勢的發展方向，不屬於高勝算交易。根據價格走勢圖判斷，如果你建立空頭部位的話，即使成功，獲利也非常有限，萬一判斷錯誤或空頭部位沒有及時出場，損失就非常可觀。總之，請記住，你可以放棄某些交易機會，只要掌握勝算較高的機會，這些機會通常都順著主要趨勢方向。

採用多重時間架構

我發現，隨機指標（或其他擺盪指標）最適合在多重時間架構內，拿捏順勢交易部位的時效。首先，透過日線圖判斷主要趨勢的發展方向。一旦有所結論之後，利用60分鐘走勢圖進一步評估既有趨勢還有多少發展空間，或分析既有趨勢什麼時候可能拉回。確定交易方向之後，在更短期的時間

架構上尋找實際進、出場位置。讓我們繼續引用KLAC的例
子來說明，在短期走勢圖內，我不只會利用隨機指標來設定
進場點，同時也會藉此判斷是否可以建立某一方向的部位。
如果隨機指標在60分鐘走勢圖內處於上升狀態，我只會在5
分鐘走勢圖內尋找買進機會。不論部位持有時間長達幾天，
或是短線進出，較短期的時間架構都能提供幫助。請參考圖
7-9，這份5分鐘走勢圖是對應著60分鐘走勢圖（圖7-8）由A
到Ax之間的發展。一旦60分鐘走勢圖上看到A點的進場機會
之後，就可以改用5分鐘走勢圖，尋找更精準的進場位置。
根據實際發展觀察，如果在60分鐘走勢圖的A點進場，就必
須忍受大約$2的回檔走勢。就5分鐘走勢圖來看，等到隨機
指標折返到超賣區而回升穿越超賣界限，這或許是更恰當的
買點。在此建立的多頭部位雖然不能馬上賺錢，但至少代表
更理想的進場位置，風險較低。部位建立之後，交易者可以

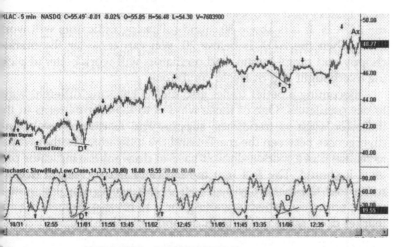

圖7-9　KLAC 5分鐘走勢圖：更精準拿捏時效。

回到60分鐘走勢圖，然後繼續持有部位到Ax點；當然，短線玩家也可以繼續使用5分鐘走勢圖來回操作。我在圖7-9標示一些上、下箭頭，分別代表可能的進、出場位置；請記住，只要較高時間架構顯示多頭趨勢，短線部位就只能買進／賣出而不能放空。圖形中標示兩個D點，代表價格與隨機指標之間出現正性背離，都是很好的買點。

請注意，不同時間架構上，不一定要採用相同的擺盪指標。某些人可能偏好在日線圖上顯示成交量、趨勢線、ADX與RSI，60分鐘走勢圖則顯示MACD與移動平均，5分鐘走勢圖採用隨機指標。總之，實際運用只受限於想像力。

成為最佳交易者

如果想成為最佳交易者，不只是要使用擺盪指標，而且要充分發揮其功能。擺盪指標不能用來猜測行情頭部與底部，而應該順著主要趨勢發展方向運用指標。如果市場處於上升趨勢，就利用擺盪指標尋找拉回走勢的買點；想辦法在拉回走勢進入超賣區之後，才尋找適當的進場機會。行情發展在何時進入超買與超賣狀態，這方面的知識就足以讓你成為最佳交易者。行情進入超買狀態，精明的交易者絕對不會莽撞買進，他會等待更好的進場點。同樣的，當價格跌到超賣區，精明玩家也不會因為恐慌而出場；事實上，超賣區是適合進場而不是出場的位置。**擺盪指標的最主要功能之一，就是協助你挑選較適當的進、出場點。**稍微耐心等待，往往可以找到更好的價位。

　　即使行情的趨勢非常明確，而且擺盪指標一直停留在超買區，在這種情況下，耐心等候拉回的勝算仍然超過追價。當然，如果行情真的非常強勁，就應該採用順勢指標，因為擺盪指標在這類市況下並不適用。至於如何判斷趨勢的強度，ADX是不錯的指標。一般來說，如果ADX讀數超過30，意味著趨勢相當明確，適合採用順勢指標。如果ADX讀數低於20，代表市場沒有明顯的趨勢，屬於橫向發展的行情，擺盪指標最適用於這類市況，藉以判斷超買與超賣區域。

　　擺盪指標有多種不同運用方法。其中之一，就是觀察指標走勢的型態，例如：趨勢線、支撐／壓力，以及價格與指標之間的背離現象。請注意，當擺盪指標呈現某種徵兆，價格未必就要出現對應的走勢。舉例來說，擺盪指標呈現超買，未必代表價格就必須下跌。超買可以更加超買，嚴格考驗交易者的耐心。請記住，行情發展往往沒有什麼道理可言，沒有所謂「必然」或「應該」的走勢：所以，交易者不要太頑固，不要認定某種走勢一定會出現。只要行情夠強勁，漲勢就會繼續挺進，不論擺盪指標顯示多麼嚴重的超買讀數。交易者也可以結合各種不同時間架構與擺盪指標，由不同的角度觀察市場發展，如此或許可以歸納出更周全的看法。總之，如果你更擅長運用擺盪指標，就能夠更精確拿捏進、出場時效。

不用或誤用擺盪指標的一些問題：

1. 進、出場價位不理想。
2. 進出反覆，不斷在超買區買進，在超賣區賣出。

3. 認為市場表現「太過分了」，導致虧損部位的持有時間過長。

4. 在強勁的趨勢中，擺盪指標提供太多錯誤訊號。

5. 追　價。

6. 在最差的時候結束部位。

7. 不知道在什麼情況下，行情發展才算過度延伸。

8. 認為市場必須根據技術指標的指示發展。

9. 猜測行情頭部與底部 （交易部位違反趨勢發展方向）。

10. 錯失行情反轉機會。

運用擺盪指標的高勝算交易：

1. 順著主要趨勢方向進行交易，等待折返走勢進入超賣區才買進。

2. 擺盪指標做頭，才結束多頭部位。

3. 不在超買區追價買進，不在超賣區追價放空。

4. 等待折返走勢，尋找更好的時機。

5. 運用擺盪指標尋找更好的進場點。

6. 行情處於超買，買進必須謹慎；行情處於超賣，賣出必須小心。

7. 在長期時間架構上，判斷主要趨勢還有多少發展空間。

8. 留意價格與技術指標之間的背離現象。

9. 留意擺盪指標走勢的技術型態。

10. 藉由ADX判斷趨勢的強度。

11. 擺盪指標長期停留在極端區域，意味著趨勢非常強

勁。

12. 結合各種技術指標，彼此進行確認。

13. 如果擺盪指標上升穿越零線，只適合操作多頭部位。

14. 當行情發展過度延伸而造成你幾乎不能忍受，不妨再多等待一會兒。

值得提醒自己的一些問題：

1.行情是否超買？

2.我是否正在追價？

3.我是否等待拉回走勢？

4.由於行情已經嚴重超賣，我究竟應該認賠，或再多等一下？

5.我運用技術指標的方式是否恰當？

6.我是否順著主要趨勢方向進行交易？

第 8 章

突破與反轉

任何重大走勢都起始於某種突破或反轉。

突破：順著動能方向進行交易

　　某些突破系統稱得上是歷史最悠久、結構最單純與最成功的交易系統。所謂突破，可能是指行情突破支撐／壓力、創最近X天新高價、或突破趨勢線，很多交易者偏愛在這種關鍵時刻進場。突破系統之所以廣受青睞的理由，一方面是因為交易者可以順著市場動能方向操作。在上升趨勢中，價格可能「突破」先前的高點；當價格走勢「突破」趨勢線，可能出現新趨勢；價格也可能「突破」密集交易區。不論哪種突破，只要是真正有效的突破，隨後可能出現爆炸性的走勢。突破系統還有另一種優點，如果出現大行情，交易者可以避免站在錯誤的一方。

　　圖8-1顯示一些典型的突破範例。首先，在A點，價格跌破短期間內兩度出現的低點。這是順著趨勢發展方向的突

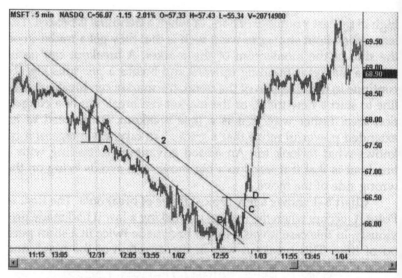

圖8-1 MSFT 5分鐘走勢圖：突破案例

破；一旦突破之後，價格加速下跌。在B點，價格反彈穿越
下降趨勢線，這個突破訊號顯示長時間以來的跌勢可能告一
段落。在C點，原先突破走勢稍做整理之後，繼續向上突破
下降趨勢線，進一步確認行情進入上升趨勢。最後，在D
點，漲勢穿越先前走勢的高點，出現「高點持續墊高」的上
升走勢。如同這份走勢圖所顯示，重大走勢之前，都曾經出
現突破，雖然這些突破包括連續訊號與反轉訊號。

什麼因素促成行情突破？

　　市場可能因為種種理由而發生突破。某些突破動力來自
於消息面，例如：氣象報告、罷工或意外盈餘報告。另一些

突破則是因為重要價格或技術關卡遭到穿越。所謂重要的價格關卡，可能是指先前走勢的高點或低點、明確的趨勢線、通道、移動平均、整數價位或密集交易區。如果知道這些重要關卡的位置，就可以預期突破走勢可能發生在哪裡。

突破走勢經常引發爆炸性的力量，因為先前可能多次測試該水準而未能成功。如果價格走勢曾經數度測試某個關卡，自然會引起注意。每當價格接近該關卡，交易者就準備採取行動，不論突破是否成功。一旦該關卡遭到克服，通常會觸發一系列的停止單或停損單，蓄積大量動能，促使突破走勢繼續發展。某些情況下，市場可能在特定價格區間內來回游走一段期間；最後，市場挑選某個方向進行突破。一般來說，重要關卡遭到測試的次數愈多，突破之後爆發的能量也愈大。某些突破是因為市場的既有走勢喪失動能，而反轉走勢則蓄積動能。如果有很多交易者結束或轉換部位，就可能導致市場突破既有的趨勢，展開另一波新趨勢。本章稍後會更詳細討論一些可能引發突破的型態。

突破型態

突破先前的高點或低點

當價格穿越先前的高點則買進，價格跌破先前的低點則放空，這可能是最常見的突破策略之一。舉例來說，請參考圖8-1的A點，當價格跌破先前的低點，適合趁機建立空頭部位。另一種常用的策略，是既有走勢突破先前特定期間——

例如：20期──的最高價（最低價），則買進（賣出）。所以，在圖8-1的B點與C點，當行情突破最近20期的高價，適合進場作多。依此建立部位，就可以站在行情發展的正確一方，前提是市場必須出現明確的動能。這類的突破，可能代表既有趨勢的連續發展，也可能是趨勢反轉。

突破趨勢線

　　除了先前高點、低點或三重頂之類的水平價位之外，市場也可能突破趨勢線或移動平均。請參考圖8-1的B點與C點，當時都曾經發生趨勢線突破的走勢，這類突破很重要，因為可能代表既有趨勢結束而新趨勢出現的訊號。當趨勢線遭到突破時，即使不建立新部位，最起碼也要結束與該趨勢線方向一致的部位。如果走勢圖上標示趨勢線，那就很容易發現這類的突破；困難的問題是：**交易者如何說服自己應該結束與該趨勢線方向一致的部位。**

價格區間突破

　　很多情況下，市場並沒有明確的趨勢，只是在橫向區間內進行盤整，並因此而呈現通道、三角形、旗形或矩形的價格型態。在這些區間內，上有壓力，下有支撐，所以價格來回游走，但最後很可能會挑選某個方向進行突破。橫向走勢發展過程，多、空雙方在此角力，雙方都嘗試掌控局面，但都暫時不能取得壓倒性勝利。面對這類的行情，你可以在上檔壓力區把多頭部位轉換為空頭部位，然後在下檔支撐區把空頭部位轉換為多頭部位，如此來回賺取差價利潤，但務必

留意：不論是支撐或壓力，兩者都可能被突破。市場可能順
著長期趨勢的方向突破價格區間，但也可能出現趨勢反轉。
價格區間持續的時間愈久，一旦突破之後，走勢也愈大，愈
容易吸引注意。關於突破的目標價位，一般衡量方法如下：
突破走勢的垂直距離，約略等於價格區間的水平長度。請參
考圖8-2，Y點與A點之間的距離（突破走勢的垂直距離），大
約等於X點與Y點之間的水平長度。當然，這種衡量方法未
必始終有效，但其有效程度或許足以促使交易者預先設定突
破目標價位。

矩形排列

　　矩形（rectangle）是上、下具有明確水平壓力、支撐
的橫向整理區間，請參考圖8-2的範例。在兩個星期內，價格
在$3垂直距離內游走，每當價格接近下檔支撐，就引發買盤
進場與空頭回補，於是價格走高。同樣的，每當價格接近上
檔壓力，就引發賣壓，迫使漲勢回檔。可是，行情最後還是
會朝某個方向進行突破（譯按：請注意，這類的橫向區間也
可能不了了之；就矩形排列而言，隨後走勢可能仍然沒有明
確趨勢，但已經不具矩形型態，即使價格最後穿越矩形上限
或下限，也不能視為矩形突破）。矩形突破之後，你可能想
知道潛在的目標價位。如同先前說明的，由突破點（C點）
向上衡量矩形排列的水平寬度，結果就是目標價位。

三角形、旗形與三角旗形

　　某些排列不同於矩形，整理過程中，波段走勢的高點或
低點，不能觸及先前波段的高點或低點。這些排列各有不同

圖8-2　KLAC 60分鐘走勢圖：突破型態。

的形狀，例如：三角形（triangles）、楔形（wedges）、旗形（flags）與三角旗形（pennants）。由波段高點銜接的上限，以及由波段低點銜接的下限，兩者可能彼此發散（楔形）、彼此平行（旗形）或彼此收斂（三角形）。這些排列的形狀或許各異，但性質則相似：可能朝某個方向突破的密集整理區域。**旗形與三角旗形之間的主要差異如下：旗形的上限與下限呈現平行通道，通道的發展方向與既有趨勢方向相反；三角旗形的上限與下限彼此收斂，收斂方向未必與既有趨勢方向相反。**請參考圖8-2，其中分別顯示三角旗形、旗形、三角形的例子；陰影部分涵蓋的旗形，是三角形排列（XYZ）的一部分。

缺　口

　　某些情況下，市場往往透過跳空缺口（gap）進行突破，就如同圖8-2顯示的一些例子。**跳空缺口意味著買、賣雙方之中的某方面力量遠勝過另一方**。如果跳空缺口的動能得以持續累積，突破走勢就能夠繼續發展。雖然絕大部分缺口都遲早會被填補，但突破缺口經常代表重大走勢的起點。在重要支撐／壓力或先前高點／低點的外側，通常都會有大量的停止單與停損單，一旦這些市價單被引發之後，自然會帶動激烈的走勢，於是產生跳空缺口。除此之外，類似如穀物報告、利息政策或盈餘警訊等突如其來的重大新聞，也可能引發跳空缺口。重大新聞發布時，往往會造成眾多買盤或賣盤進場，價格自然會呈現大幅跳動。有些重大新聞是在盤後才公佈，所以隔天開盤價會向上或向下跳空，顯然不同於前一天收盤。不論什麼原因造成價格跳空，都必須非常留意，因為這經常是重大走勢的開端。

新　聞

　　雖然所有的突破都可以透過技術型態處理，但突破走勢可能是由基本面因素引發。新聞可以歸納為兩大類。一種是市場沒有預期的新聞，例如：某重要銅礦產區發生大罷工、某家公司宣佈倒閉、石油輸出國家組織宣布減產。這些事件都會造成價格因應新聞而產生重大走勢，幾乎全然不受稍早的趨勢影響。如果這些走勢足夠強勁，可能突破既有趨勢而造成趨勢反轉。第二種是市場已經預期而預做反映的新聞，例如：降低利率的新聞。由於市場已經有所預期，當新聞正

式公佈時，經常引發反向的價格走勢。假定某特定時間將公佈某重大訊息，針對這類事件預先建立部位，恐怕是非常危險的舉動，因為價格可能大漲，也可能大跌。事實上，這種行為已經屬於賭博的範疇。所以，對於這類情況最好暫時保持空手，等待市場充分消化相關新聞之後，再做打算。

突破走勢的交易策略

預先建立部位

　　前文曾經提到，突破可能順著既有趨勢方向發展，也可能是趨勢反轉。預先猜測突破的方向，並不簡單。如果所預期的突破走勢根本沒有發生，交易者可能因此而嚴重虧損。當價格攀升到上檔壓力區，某些交易者往往不等實際突破，就預先認定價格將向上突破。請參考圖8-3的S&P 500 5分鐘走勢圖。當價格由點4回升而到達點5，某些交易者可能預期價格將向上突破而預先買進。當行情發展到點6，先前在點5建立的多頭部位顯然失敗，交易者很可能反手放空，甚至在點7仍然繼續加碼。行情在特定價格區間內，可能來回游走很長一段期間，如果每逢壓力或支撐，就認定價格可能突破而預先建立部位，交易者恐怕會不堪虧損。事實上，交易者不應該預先建立部位，唯有看到行情實際突破之後，才可以考慮採取行動。

突破之後追價

　　突破之後，立即順著突破方向追價，這是另一種可能的

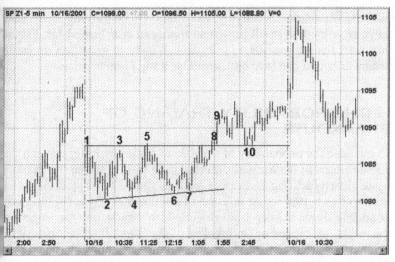

圖8-3　S&P 5分鐘走勢圖：等待實際突破。

錯誤。突破發生時，某些交易者會受到市場激情的感染，無法克制自己而開始追價。除非突破之後的走勢非常可觀，否則追價的結果可能很慘，因為走勢很可能折返。請參考圖8-3的例子，在點8，當行情向上突破時，如果用市價單追價買進，撮合價格很可能是點9。請注意，這時行情剛出現10點的漲勢，很可能拉回整理。對於很多交易者來說，他們無法等待3天、1小時，甚至20分鐘。他們認為，如果不立即採取行動，就會錯失機會。克制這類的引誘並不簡單，但這也就是勝算高低的分野。請注意，交易機會不虞匱乏，即使錯過這個機會，那又如何？交易者不應該覺得某個機會絕對不容錯失。寧可錯失很多機會，也不能不謹慎篩選，只有高勝算、風險／報酬比率很好的對象才是真正的機會。不妨耐心

等待行情拉回重新測試突破點，唯有測試成功（圖8-3的點10）才進場。當然，行情突破之後，走勢確實可能完全不拉回；若是如此，為了提高勝算，你只好犧牲這類機會。

交易者錯失最初的進場點而開始追價，與停損點之間的距離一定會拉遠，使得風險／報酬結構變得非常不理想。進場不夠及時，很容易被逆向走勢震盪出局，因為價格一旦拉回突破點附近整理，交易者可能不堪虧損而認賠。追價往往也會造成滑移價差擴大。如果你在行情急漲過程中買進，買／賣報價會拉得很開，實際買進價格可能很不理想。如果等待行情拉回，就可以很輕鬆利用限價單買進，甚至可能按照市場買進報價撮合。

突破走勢的高勝算策略

為了提高突破系統的勝算，可以由幾方面嘗試改善。同時觀察幾個不同時間架構，更清楚掌握市況；配合其他技術指標運用，例如：ADX、隨機指標或其他擺盪指標；觀察價量關係；增添一些濾網，避免輕率接受訊號。接下來，我們準備討論如何充分運用突破走勢。

橫向區間走勢的突破

我們在圖8-3看到S&P 5分鐘走勢圖出現橫向區間走勢的突破，但僅就這份走勢圖來說，實在很難瞭解當時應該如何因應。這種情形下，首先要分析較長期的走勢圖。圖8-4為60分鐘走勢圖，其中的點1大約對應著圖8-3的點1，當時行情正

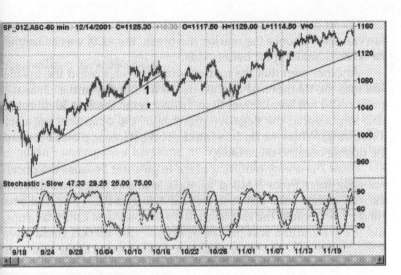

圖8-4　S&P 60分鐘走勢圖：宏觀。

處於上升趨勢，而且最近曾經拉回整理；另外，隨機指標讀數稍高於50，並且正在上升。這兩點——主要趨勢方向與隨機指標狀況——代表指數向上突破時的重要參考背景，突破訊號有效的可能性大增。訊號發生當時，如果行情本身已經呈現明確的趨勢，這類突破訊號的勝算很高。總之，儘可能順著主要行情趨勢的方向進行交易，如此就可以避免不必要的風險。

　　圖8-5同時列置隨機指標與ADX的圖形。我們發現，點5、6與8都可能向上突破，但隨機指標顯示當時的漲勢已經過度延伸，最好稍安莫躁。這段期間內，ADX顯示市場沒有明確的趨勢，不應該針對突破走勢追價。如果ADX很強勁（讀數超過30），那麼價格順著主要趨勢方向突破區間走勢的

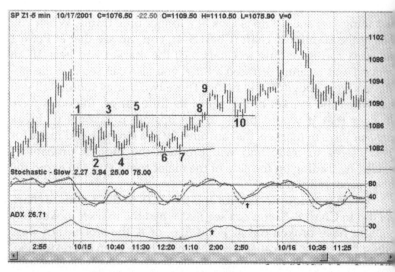

圖8-5　S&P 5分鐘走勢圖：拿捏交易時效。

訊號成功機會就很大。

　　還有一種向上突破的可能徵兆。當天行情開低，但價格始終未跌破最初30分鐘出現的最低價。這意味著開低的盤勢並非來自於眞正的玩家。一旦有心者進場之後，價格很可能向上突破。

　　圖8-5的點7看起來是很誘人的放空機會，因爲點6之後的反彈高點，與區間盤整高限之間存在很長的差距，而且隨機指標當時也反轉下滑。點7顯然有放空的理由，因爲風險不高（停損可以設在點6與點7所夾的小峰位稍上方），而且只要點2、點4與點6銜接的趨勢線遭到貫穿，跌勢很可能一

發不可收拾。可是，很多徵兆都顯示你應該等待向上突破。
走勢在點7沒有創新低，代表區間下限的支撐有效，我個人
認為，這是理想的作多位置。這時ADX仍然呈現弱勢，意味
著行情缺乏明確趨勢，隨機指標剛由超賣區折返，價格正處
在盤中走勢圖的趨勢線上，但主要趨勢朝上；事實上，你很
難要求更多。話說回來，如果我進場作多，而且判斷沒錯，
我也會在點8稍前方的壓力區獲利了結，因為當時的狀況明
顯超買。即使行情順利向上突破，先獲利了結一次也沒錯，
最起碼也要了結一些部位。

　　一旦向上突破之後，交易者務必要克制追高的衝動。市
場經常會在突破之後，回頭重新測試當初的突破點。經過一
段漲勢，隨機指標已經進入超買區，最好還是等待價格回
檔、測試支撐、或進入超賣區（如同點10的情況），然後才
進場。如果你在點10買進，很容易判斷這筆交易是否正確，
只要價格有效跌破通道上限，就可以認賠出場，損失非常有
限。假定在點8買進，理想的停損點距離稍遠，大約是當天
的最低價，風險／報酬比率稍高，這是一種能夠避免就儘量
避免的情況。

　　如果使用ADX，指標讀數太低，意味著行情順著主要趨
勢進行突破的可能性不高，但比較容易突破順勢趨勢線。如
果ADX很強勁，就很可能順著主要趨勢方向進行突破，順勢
趨勢線也應該守得住。

趨勢線突破

　　行情穿越趨勢線或移動平均而展開（但願）新趨勢，這屬於另一類型的突破。我們雖然都希望順著主要趨勢方向進行交易，但趨勢不論多麼強勁，終究還是會被突破。每當價格逼近趨勢線，通常不應該預期趨勢線會遭到突破，但萬一發生突破，也應該有所準備。時間架構愈長，突破也愈重要，但突破本身的結構與運作，在每種時間架構上都相同。另外，趨勢線的傾斜角度愈大，遭到突破的可能性也愈高。

　　請參考圖8-6，這份棉花日線圖顯示很多趨勢線突破的例子。價格走勢圖上配置隨機指標，有助於判斷突破走勢是否具備足夠潛力。關於突破走勢的操作，我偏好採用隨機指

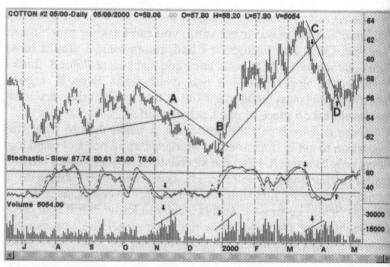

圖8-6 棉花日線圖：趨勢線突破。

標，因為我希望知道自己進場當時，行情還有多少發展空間。相對於行情已經進入極端區域來說，隨機指標只不過剛開始朝順勢方向移動，後者的交易勝算顯然較高。請參考圖8-6的B點，當時的情況很理想，因為行情已經由跌勢轉為橫向盤整，然後向上突破盤整區間的上限與下降趨勢線，成交量明顯放大，隨機指標尚在超賣區內。

藉由成交量確認突破走勢

當價格逼近趨勢線或先前的高點低點，成交量是另一個觀察重點。當價格接近趨勢線而成交量沒有明顯放大，意味著該趨勢線應該可以發揮效力。如果當時成交量顯著放大，突破的可能性就增加。在行情向上突破的過程中，成交量應該放大，因為這代表空手者進場買進、空頭回補，甚至翻空為多。在這種情況下，走勢將蓄積可觀的動能，直接穿越支撐或壓力區。如果成交量沒有放大，意味著交易者參與的興趣不高，多空之間將有一番爭鬥，突破無效的可能性也就提高。所以，如果突破過程中沒有放出大量，後續走勢變得非常不確定，不應該過早進場。

除非成交量顯著放大，否則交易者不應該相信該突破走勢為有效。這種情況下，最好還是稍安勿躁，在場外觀察一陣子再說。這類的向上突破很可能拉回重新測試突破點，如果你發現當初的突破點確實提供有效的支撐，就可以考慮進場。如果當初是夾著大量向上突破，走勢拉回重新測試突破點的可能性就相對減少，交易者或許必須考慮提早進場。

　　請回頭觀察圖8-6，每當走勢進行突破之前，成交量都明顯萎縮，但突破過程則爆出大量。這兩種現象，可以用來判斷突破走勢是否可信。成交量先縮後增，代表交易者對於既有趨勢已經失去興趣，成交量隨後暴增，則意味著交易者針對新趨勢積極建立部位。如果當初的空頭反手作多，回補加上買進，代表兩倍的成交量，這類活動絕對有助於行情穿越關卡。很多交易者並不重視成交量，但成交量實際上是提高交易勝算的重要因素之一。

逆向走勢的突破

　　假定市場存在明確的趨勢，在逆趨勢折返走勢告一段落而朝順勢方向進行突破時，往往是很好的機會，因為你可以藉此建立順勢部位。請觀察圖8-7的思科（Cisco）日線圖，1999年正是那斯達克科技類股最紅的期間。上升趨勢非常明顯，中間夾著幾個折返走勢；請留意趨勢線A與趨勢線B，當這兩條逆向的趨勢線遭到突破，非常適合積極建立部位。這類部位的勝算極高，理由是：一、價格已經拉回，而且經過一段整理；二、部位是順著主要趨勢方向建立；三、距離主要上升趨勢線很近，部位不只可以在此獲得強勁的支撐，即使在此停損的傷害也不會太嚴重。反之，如果交易成功，上檔的潛能通常很高，例如趨勢線B突破之後的情況。

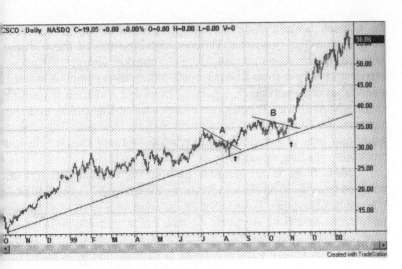

圖8-7　思科日線圖：逆向走勢的突破。

先前高點的突破

當行情順著主要趨勢方向發展而突破先前的高點（低點），立即進場建立多頭（空頭）部位，這種策略的勝算頗高。波段高點持續墊高，這是上升趨勢獲得確認的現象。因此，在上升趨勢發展過程中，每當先前的高點被突破時，可以考慮建立順勢部位。就圖8-7來說，這類的進場點幾乎有無限多個，因為股價不斷創新高。在上升趨勢中，如果交易策略設定為「只要價格突破最近十天的最高價，就進場建立多頭部位」，就不至於逆勢交易。如果趨勢很強勁，你只需要進場一次，然後就可以繼續持有部位；萬一趨勢並不強勁，就必須採取明智的停損策略，直到你確實掌握一波行情為

止。如果你決定針對這類突破走勢進行交易，也應該採行對應的停損策略，例如：每當價格跌破最近三天的低點，就停損出場。請注意，這類交易失敗的機率頗高，但只要成功的話，報酬也非常可觀。

趨勢反轉

每個人都希望捉到行情向上反轉的底部，然後一路發財。所謂的行情底部，可能是盤中低點，也可能是三個月期波段走勢的低點，這都是交易者夢寐以求的機會。不幸的，這也是可遇不可求的機會。部位交易者通常都在趨勢已經反轉之後才進場，短線交易者如果想猜測頭部或底部，經常會過早進場或出場。嘗試捕捉行情頭部或底部，意味著你必須建立逆勢部位，但在某些情況下，逆勢部位的勝算也很高。如果具備充分的耐心，這類策略確實可能很成功。

猜測行情頭部或底部，是一件相當困難的事。因為是屬於逆勢部位，而且判斷錯誤的頻率很高，虧損自然也很可觀。這類部位必須設定停損，而且要有斷然認賠的決心。每5次交易，成功的次數很可能不到1次。因為失敗頻率太高，大部分人都不願輕易嘗試，或沒有足夠資本採行這類策略。所以，如果想針對趨勢反轉進行交易，資本必須足夠雄厚，而且必須持之以恆。不能因為失敗幾次，就放棄了。本書稍後將說明交易系統的歷史測試方法，其中會討論最長連續失敗次數與最大可能損失。這或許有助於你決定是否適合採用這項策略。

趨勢發生反轉的理由

趨勢線突破，是最單純的趨勢反轉。趨勢線是多空力量處於均衡狀態的位置；所以，趨勢線突破也代表另一方將開始掌控盤面。除了趨勢線突破之外，還有一些狀況也可能造成趨勢反轉。舉例來說，當行情完成某特定長度的走勢之後；市場進入超買或超賣區；橫向區間走勢的突破。下文準備討論一些值得特別留意的反轉排列或型態。

反轉日

反轉日（reversal day）是趨勢發生反轉的一種型態。在下降趨勢中，某天（某線形）的最低價，低於前一天（前一支線形）的最低價，但收盤高於前一天（線形）收盤價，這就稱為反轉日或反轉線形。反轉日的成交量通常很大，導致趨勢反轉或至少暫時反轉。關鍵反轉日（key reversal day）是指當天低價創波段新低，但收盤價卻高於前一天最高價。另外還有所謂的兩天反轉，換言之，第一天價格繼續創新低，但沒有收在最低價，隔天價格突然向上拉高，收盤價高於兩天前的收盤。

請參考圖8-8，其中顯示一些反轉日的案例。各位可以發現，如果這些訊號配合隨機指標的超買或超賣讀數，操作績效相當不錯。當然，不是每筆交易都很成功，但成功交易的獲利，絕對大於失敗交易的損失。這種策略之所以可取，主要是因為成功交易通常都可以持有一段期間，因為你是在新趨勢的開端進場；反之，如果交易失敗，必須立即認賠。

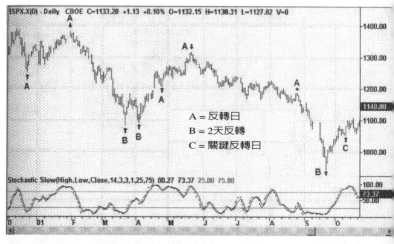

圖8-8　S&P 500指數日線圖：反轉日。

如果在底部的反轉日進場，停損通常設在前一天最低價的稍
下方。

我個人的第一套交易系統

　　我運用於當日沖銷的第一套交易系統，就是建立在反轉
日型態之上。我會留意那些價格創新高或新低（相對於前一
天價格而言）的每種商品。如果發現這類的對象，我就會在
反轉型態完成的價位設定停止單，只要停止價位遭到觸發，
就進場建立部位。如果當天價格順著我的部位方向收盤，就
繼續持有部位，看看隔天是否會出現更進一步的走勢。某些
情況下，這類當日沖銷的部位，可能持有數天之久——如果
行情繼續朝正確方向發展。如果是在折返走勢的末端建立順
趨勢部位，勝算通常很高。甚至到目前，我的交易系統仍然

采用這類策略。

反轉型態

　　價格反轉排列的種類很多，例如：V型反轉、碟狀（圓弧狀）頂或底、雙重頂或底、三重頂或底。如果行情上漲到先前高點位置而不能向上突破，就形成雙重頂（或三重頂）排列，經常意味著漲勢無法持續。雙重頂的形狀類似於英文字母M，雙重底則類似於英文字母W，所以又分別稱為M頭與W底。請參考圖8-9的英特爾（Intel）盤中走勢圖，其中顯示雙重頂（M頭）排列與雙重底（W底）排列。

　　每當行情上漲到先前的高點，如果沒有能力向上穿越，很可能就會反轉下滑。針對這類排列進行交易，首先要辨識雙重頂或雙重底型態，然後觀察該排列是否突破既有的趨

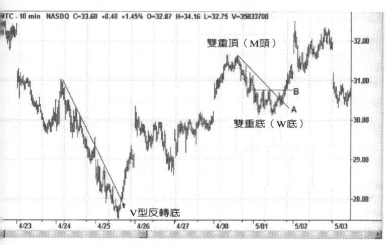

圖8-9　英特爾10分鐘走勢圖：反轉排列。

勢。如果價格下跌到先前的低點而不創新低，不妨建立小量的多頭部位，因爲停損位置——先前低點的稍下方——非常接近買點。如同圖8-9顯示的例子，當價格開始彈升而穿越趨勢線A或壓力線B，則可以考慮加碼。請注意，雙重底未必就代表趨勢向上反轉，因爲雙重底的底部也可能被貫穿。可是話說回來，如果你能察覺這類的型態，總有助於掌握交易機會。

V型反轉是另一種值得留意的排列，但這種排列很快就完成，而且經常突然發生，所以很難預期。V型反轉往往發生在強勁的趨勢中，然後趨勢突然反轉。就如同圖8-9顯示的例子，一般人很可能想要放空而不是買進，因爲主要趨勢明顯朝下。可是，一旦看到反彈走勢突破下降趨勢線，就應該放棄作空的念頭。反之，你應該開始想辦法尋找買點，把停損設定在V型反轉的低點稍下方。當然，你或許還應該翻閱其他期間長度的走勢圖，評估是否值得買進。

碟形（圓弧）反轉排列比較容易察覺，因爲其形成過程很緩慢，讓你有足夠的時間慢慢琢磨。請參考圖8-10，整個盤頭過程大約花了兩天的時間。股價創高點之後，稍微回檔，然後又反彈，勁道仍然十足，但無法穿越先前的高點。在A點，當價格跌破上升趨勢線時，可以考慮放空，但也可以等到B點位置，股價大跌顯示上升趨勢已經結束。

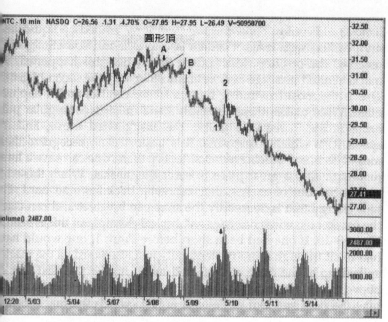

圖8-10 英特爾10分鐘走勢圖：圓形頂。

「無法再承擔痛苦」的反轉

　　站在行情走勢的錯誤一邊，由於無法繼續承擔痛苦，結果在最糟的關鍵時刻被震盪出場——我已經記不得這類事件重複發生多少次了。因為不堪繼續虧損，於是決定不計代價透過市價單出脫部位，有時甚至反轉部位。這類情況下，行情總是會立即結束既有的走勢，然後朝另一方向反轉。對於交易者來說，這是最令人沮喪的事，而且還經常發生。這類反轉不同於一般折返走勢，前者的成交量明顯放大，走勢也較激烈，發展速度很快。交易者必須想辦法辨識這類走勢，如此不但可以避免不必要的虧損，甚至找到理想的進場點。

每當這類突兀走勢喪失動能之後，通常都會激烈反轉。請參
考圖8-10，其中顯示一個典型的案例。如果在點1放空，結果
將遭遇一波強勁的反彈走勢，因爲隔天價格開高，但沒有收
在最高價，成交量放大。很多人會覺得惶恐，甚至不能承擔
痛苦而在點2回補出場；若是如此，只能看著行情又突然恢
復下降趨勢。關於這個案例，最值得注意之處，是開盤的成
交量特別大，但價格開高之後，卻不能繼續挺進，意味著突
兀走勢已經結束。這種情況下，交易者可以靜觀其發展，一
旦察覺突兀走勢的動能開始流失，就進場建立順勢部位。價
格通常都會怎麼上去，就怎麼下來；既然先前的走勢非常突
兀，隨後的反轉走勢也會同樣激烈；所以，儘可能掌握這類
的機會。面對這類情況，觀察較長時間架構的走勢圖，通常
可以協助你判斷行情還有多少發展空間。

暫時離開

　　每當發現自己再也不能忍受，我會查閱隨機指標的
狀況，看看讀數是否處於極端狀態。若是如此，我就會
暫時離開10分鐘。回來時，如果情況仍然沒有改善，那
我就會不計代價認賠。不過，我不會反轉部位，因爲這
相當於追價，勝算不高。換言之，我會暫時退後一步，
看看行情接下來如何發展。總之，這類走勢通常會夾著
大量出現；若是如此，走勢很可能即將告一段落。

重要價位的反轉

　　當股票、商品或指數接近或觸及重要整數關卡（例如：
道瓊指數的10,000點、那斯達克指數的2,000點或原油的

$20），或其他具有重要技術意義的價位（例如：先前的高
價），行情都很可能反轉。每當行情逼近這類關卡，交易者
經常會「共襄盛舉」而推波助瀾；可是，一旦價格真的逼近
關卡，就會產生「近關情怯」的心理，大家紛紛退場。事實
上，這通常都是自我暗示的心理障礙。當行情下跌而逼近整
數價位時，買方會暫時縮手，乾脆把買單移到整數價位。所
以，在整數價位將有很多限價單成交，造成價格稍微反彈。
旁觀者看到價格反彈，通常都會搶進，導致行情更進一步彈
升；接著，空頭也開始回補，使得下降走勢暫時結束，價格
向上反轉。原則上，當你看到行情跌至整數價位附近，應該
假定價格會反彈。

衡量走勢的價格目標

　　當行情突破整理區間，交易者應該估計有效突破之後的
目標價格，如此才能衡量風險報酬比率。如果風險與報酬之
間的關係不理想，就不應該進場。舉例來說，假定交易成功
的獲利為20美分，但失敗的損失則高達$1。這類的風險報酬
關係顯然很糟。除了第6章談到的費伯納西折返比率之外，
還有一些技巧可以用來衡量走勢幅度。我稍早曾經提到一種
方式，利用橫向整理走勢的寬度衡量突破之後的目標價格。
行情發展都存在某種固定的特質，所以你可以利用過去的波
浪或區間大小，藉以估計後續的走勢幅度。在你的走勢圖
上，如果股價在某橫向區間整理的寬度為12.5公分，不妨由
突破點向上衡量12.5公分為目標價格。同理，如果前一波浪

的走勢幅度爲3點，也可以依此設定下一波浪的目標價位。
另外，當價格突破通道之後，也可以利用通道寬度來衡量突
破之後的目標價位。

　　請參考圖8-11，當價格突破橫向整理區間之後，漲幅幾
乎剛好等於整理區間的寬度。圖形中的兩個陰影長方形非常
類似，只是方向相反。當行情發展到目標價位，就應該準備
獲利了結，不要心存貪念，否則煮熟的鴨子可能就飛了——
如同圖8-11顯示的情況。

進場時機

　　行情突破之後，交易者往往很難決定究竟應該立即進

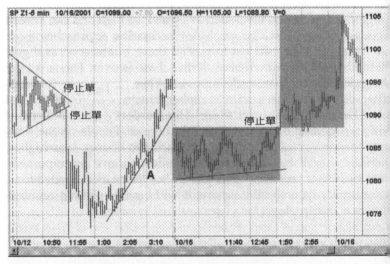

圖8-11　S&P 500指數5分鐘走勢圖：衡量走勢幅度。

場，或等待收盤之後再做判斷。這兩種策略各有優點與缺點。等待收盤價的確認，可以有效過濾很多反覆訊號，但也可能錯失一大段走勢。話說回來，在盤中進場，遇到假突破的可能性也大增。關於如何處理交易訊號，每個人的態度都不盡相同。就我個人而言，我會把最初的突破視為準備採取行動的警訊，然後採用其他技術指標與時間架構來拿捏進場時機。萬一錯失理想的進場點，我會等待收盤，期待隔天會出現跟進走勢。錯失理想的進場點之後，絕對不可以冒失追價。如果沒有掌握到這個機會，就等待下一個機會。

利用停止單進場

　　如果你察覺到行情可能進行突破，可以利用買進或賣出停止單進場。讓我們繼續引用圖8-11的例子，假定你預期價格可能突破橫向盤整區間（第一個陰影長方形），你可以在橫向走勢上限的稍上方設定停止買單。一旦價格觸及停止價位，你就會以市價買進。這種方法可以讓你在第一時刻進場，也不至於在場外乾瞪眼或追價。只要價格向上突破，你就是當時造成大量突破的買單之一。此外，請參考圖8-11左端的三角形排列。由於三角形排列可能向上或向下突破，所以可以在適當價位分別設定停止買單與停止賣單。這種處理方式頗值得考慮，因為只要某個停止單遭到觸發之後，另一個停止單就變成停損單。就目前這個例子來說，如果沒有利用停止單進場，就會錯失一大段走勢。如果交易者無法隨時留意盤面的發展，或者臨場經常猶豫不決，利用停止單進場就是一種很好的方式。設定停止單之後，你曉得行情只要出現突破走勢，你就會進場。不幸的，停止單畢竟還是有缺點

——不能防範假突破。

設定必要的進場濾網

　　為了避免陷入假走勢，某些人在系統內加入一些濾網，或設定緩衝區。關於突破走勢的交易，濾網並非必要的工具，但濾網經常可以提供一些幫助。某些交易者規定，唯有價格穿越突破點到達特定百分率之後，才視為有效突破；另一些人則規定，除非連續三個收盤價都停留在區間之外，才視為有效突破。很多情況下，價格突破趨勢線只是稍微探頭而已，然後又立即返回。所以，除非價格突破趨勢線達3%、3點、或連續三個收盤價都穿越在趨勢線之外，否則都不算有效突破。這些濾網雖然可以剔除一些假突破，但也可能讓你錯失最初一段行情。請參考圖8-11的A點，價格在下午盤一度跌破上升趨勢線，但很快又站回趨勢線之上。如果採用3點的緩衝，就不至於把這個假突破視為賣出訊號。濾網可以完全按照交易者的需要訂做。建立交易系統的過程中，不妨多嘗試一些不同的濾網，直到完全滿意為止。請記住一點，對於波動愈劇烈的行情，濾網的緩衝區就需要放大一點，否則不足以過濾假走勢。

區別高勝算與低勝算的突破

　　除非具備耐心與決心，否則很難針對突破走勢進行交易。假突破的發生頻率很高，這類交易的成功率雖然偏低，不過只要成功，獲利幅度往往很可觀。所以，即使八成的交易失敗，整體績效仍然可能獲利。如果能夠謹慎挑選、耐心

等待更明確的進場點，或許可以提高交易的成功率。觀察成交量變化，配合運用擺盪指標，採用較長期的走勢圖，等待突破之後的折返走勢，這些方法都可以提高勝算。針對自己熟悉的市場，分析哪類型突破的成功率較高，這方面的經驗也絕對有所助益。意外的突破，效果通常最好。如果某個支撐非常強勁，大家都預期價格將在此反彈，結果卻意外的跌破，迫使多數交易者出場或轉換部位，結果將加重突破之後的跌勢。反之，如果大家都認定某個關卡絕對可以突破，因此也都預先建立部位；結果，實際突破當時，市場上已經沒有剩餘的力量來推動突破之後的走勢。

典型的突破系統

讓我們考慮一套最典型的突破系統：價格突破最近X期（我個人採用10期）的最高價，則買進；價格突破最近X期的最低價，則放空。至於出場法則，可以設定為突破之後，如果價格跌破最近3期的最低價，則結束多頭部位，穿越最近3期的最高價，則結束空頭部位。如果出場訊號很快就發生，交易可能發生虧損。這套系統可以讓你順著市場動能方向進行交易，一旦動能消失，就出場。

訊　號

進場訊號：如果目前線形收盤價高於最近10支線形的最高價，則於下一支線形的開盤買進。

出場訊號：如果目前線形收盤價低於最近3支線形的最

低價，則賣出。

另一套簡單的系統如下：當下降趨勢線及特定緩衝區遭到突破，則買進。此處的緩衝區可以過濾一些雜音——換言之，沒有重大意義的走勢。當價格突破下降趨勢線，而且突破幅度到達10檔（或其他數據），則買進。至於出場法則，可以採用停損單方式進行：連續兩天收盤價重新跌破下降趨勢線。所以，如果行情拉回而重新測試下降趨勢線，即使某一天的收盤價跌破趨勢線，你也不至於停損出場。除了過濾一些假走勢之外，濾網也可以減少交易頻率，這對於長期的交易生涯來說，足以產生重大的效應。

訊　號

進場訊號：如果目前線形收盤價高於下降趨勢線達到10檔。

出場訊號：如果目前線形與前一支線形的收盤價都低於下降趨勢線。

30分鐘突破系統

有一套最古老的當日沖銷系統，這是建立在一個假設之上：如果行情朝上（朝下）發展，開盤期間的價位大多偏低（偏高），然後隨著上升（下降）行情的發展，後續價格通常較高（較低）。30分鐘突破系統在開盤最初30分鐘內不採取任何行動。把最初30分鐘的價格走勢設定為開盤區間（換言之，由最初30分鐘的最高價與最低價界定區間）。然後，交

易者觀察價格朝哪個方向突破開盤區間，就建立該方向的部位。所以，如果採用30分鐘走勢圖，只要價格突破開盤線形上端，就買進，停損則設定在線形的另一端稍下方。如果先前提到的假設成立，這套系統通常能夠讓交易者建立方向正確的部位，而不需要猜測頭部或底部。如果部位方向與主要趨勢方向相同，績效更理想。因此，假定行情處在上升趨勢，你可以只接受買進訊號，捨棄放空訊號。這套系統可以多方面調整，舉例來說，你可以等待特定時段收盤價突破30分鐘開盤區間，才接受訊號。某些人把開盤時段設定爲最初45分鐘或60分鐘，另一些人則在第二個30分鐘結束後才決定進場方向。換言之，即使第35分鐘就出現買進訊號，交易者還是會等到第60分鐘才決定該買進訊號是否有效。如果當時的價格仍然高於最初30分鐘區間的最高價，就買進。當然，你也可以在開盤區間最高價最低價之外設定幾檔的緩衝區，藉以過濾假訊號。

成為最佳交易者

當行情突破交易區間、價格型態或趨勢時，能夠做精準的判斷與反應，才能成爲最佳交易者。假定你手中持有部位，看到行情開始轉折，並且出現突破走勢，你曉得如何建立新部位。每當行情發展到重要的關卡價位，優秀的交易者都會準備採取行動。面臨重要關卡，雖然不確定價格是否能夠突破，交易者都必須保持充分的心理準備，隨時能夠採取行動。優秀的交易者應該知道哪些位置可能發生突破，並藉由一些工具判斷突破走勢的有效性，例如：趨勢線、突破型

態、擺盪指標、反轉型態與成交量。觀察較長時間架構的走勢圖，也有助於判斷突破的有效性。優秀的交易者知道哪些型態可能出現突破，哪些可能會反轉，而且能夠估算後續走勢的幅度。交易者應該想辦法正確估計目標價位，因為交易決策通常都取決於風險_報酬關係；而且也可以避免你太過於貪心。突破交易未必是極短線的部位。一些最可觀的行情起點都是突破，所以你只要掌握這類的少數機會，就可以創造豐碩的利潤。

如同其他情況一樣，高勝算交易通常都應該順著主要趨勢方向操作，只要遇到適當的機會，心態就應該積極一點。最後，讓我再提醒各位：**絕對不要追價**。追價的風險太高，不妨等待折返走勢。你可能必須耐心等待，但耐心通常都是有代價的。

突破走勢的陷阱：

1. 忽略風險報酬關係。
2. 不真正瞭解關鍵價位在何處。
3. 逆著主要趨勢方向進行交易。
4. 遇到假突破時，不知道立即結束部位。
5. 在還沒有發生之前就預期突破成功。
6. 突破走勢失敗時，不願意及時認賠。
7. 沒有衡量突破之後的目標價位。
8. 忽略成交量變化。
9. 錯失第一波走勢之後，太慢進場。
10. 如果進場價位不理想，沒有想到停損點距離太遠。

11. 沒有耐心等待折返走勢。

12. 陷在拉回走勢中。

13. 追價，一旦行情折返整理，很容易發生重大虧損（至少是暫時的）。

14. 不能謹慎挑選進場點，很容易造成交易過度頻繁的問題。

高勝算的突破交易：

1. 突破走勢的交易，需要耐心。

2. 等待折返或其他較佳進場點。

3. 順著市場的動能方向建立部位。

4. 如果突破走勢帶動一波新趨勢，應該繼續持有部位。

5. 如果趨勢非常明確，而且突破的對象是逆向走勢，這類的機會通常很好。

6. 利用停止單進場建立部位。

7. 當行情接近可能發生突破的區域，就應該有採取行動的心理準備。

8. 最好的突破走勢通常會立即發動。

9. 萬一沒有成功，立即出場。

10. 藉由前一個波段、區間或密集交易區來衡量下一波走勢的目標幅度。

11. 經過一段盤整之後，需要留意大量突破。

12. 留意成交量的變化。

13. 留意價格變動較積極的市場。

14. 留意成交量增加的價格變動方向，以及該方向的突破。

15. 利用一些濾網來過濾假突破。

16. 如果停損距離過遠，或許不值得冒險。

17. 意料之外的突破，效果通常最佳。

18. 朝著主要趨勢方向進行的突破，通常較容易成功。

19. 趨勢線的斜率愈陡峭，遭到突破的可能性愈高。

20. 利用其他技術指標協助判斷突破的有效性。

21. 運用較長期時間架構的走勢圖，進一步判斷行情發展。

22. 分批進場。

23. 突破初期先做部分獲利了結，防範走勢折返。

24. 留意突破之前可能出現的反轉型態。

值得提醒自己的一些問題

1. 我是否進場過遲？

2. 我是否在行情突破之前就已經進場？

3. 我是否應該等待折返走勢？

4. 我是否利用成交量或其他技術指標來協助判斷突破的有效性？

5. 如果行情順著主要趨勢方向進行突破，我是否更積極進場？

6. 行情還有多少發展空間？

第 9 章

出場與停止單

多數交易者都非常重視進場訊號與相關型態，但沒有用同樣積極態度處理出場行動。一般交易者進場時，通常只預期成功，幾乎沒有做失敗的打算；換言之，他們沒有考慮交易成功時，怎麼出場，萬一失敗，又怎麼出場。部位建立之後，這些人只是等待，計算部位已經獲利多少，或傻傻的看著虧損持續累積。

任何人都曉得如何進場，但成功的真正關鍵在於知道何時與如何出場。我可以大膽的說，大多數交易部位在某個時間點上都曾經獲利，甚至那些靠著射飛鏢建立的部位也是如此；一套有效的出場策略，不只可以讓獲利儘量增加，也讓虧損減少。然而，非常令人訝異的，出場決策既然這麼重要，一般交易書籍處理出場策略的態度，顯然都不如進場。如果沒有運用防護性出場策略，交易者幾乎就不太可能成功。在這裡，我準備盡力解釋如何讓交易部位的獲利儘可能延伸，並說明如何讓失敗部位在還沒有造成嚴重傷害之前就停損出場。

迅速認賠而讓獲利持續發展

　　關於金融交易，最經常被引用的格言或許就是：「迅速認賠，讓獲利持續發展。」可是，很奇怪的，大多數交易者的實際做法剛好相反。如果獲利，他們都想儘快了結，對於虧損部位，通常都只能祈禱行情反轉，結果卻愈來愈糟。一位交易者除非他知道如何結束虧損部位，曉得在哪裡設定停損，並且願意繼續持有理想的部位，知道何時獲利了結，唯有如此，才可能成為頂尖的交易者。「進場」只是完整交易程序的一部分。知道何時應該結束成功與失敗的部位，則是整個程序的另一部分，重要性更甚於進場。多數交易者之所以發生虧損，主要都是因為成功部位的獲利程度不如失敗部位的虧損。成功部位不能充分發揮獲利潛能，其傷害不下於失敗部位的虧損。對於交易者進行的所有交易，平均來說，失敗的次數通常高於成功；所以，交易者如果想成功，每筆成功交易的獲利程度，必須超過失敗交易的虧損。可是，我們實際看到的情況又如何呢？多數交易者總是賺了幾檔就獲利了結，但讓失敗部位累積天文數字般的虧損。這類策略絕對不能讓你成功。

過早出場

　　由於擔心轉盈為虧而提早出場，結果錯失賺大錢的好機會，這種感覺確實不好受。當你賺了3毛錢就拔檔獲利出場，結果看著價格在隨後20分鐘內漲了$1.50，這恐怕會讓你

心痛如絞。某些人因為害怕失敗，過分強調賺錢的重要性，結果永遠只能賺一些蠅頭小利。如果你永遠只想賺取蠅頭小利，不願意承擔風險而讓部位有賺大錢的機會，當然也就不可能成為大贏家。沒錯，你的安打率（成功率）很高，但可能損及長期獲利能力。確實有些成功的交易者是賺錢就跑，但重點是他們通常也能更迅速認賠。

一切都是相對的

　　某些專業交易員 —— 他們專門從事短線交易 —— 每筆交易的獲利都很有限。可是 —— 請留意，對於這些專業玩家來說，他們所願意承擔的虧損更小；換言之，他們認賠的手腳更快。如果你能夠在發生幾檔損失之後就認賠，那麼你也能夠靠著蠅頭小利而成功。總之，虧損與獲利之間的程度，應該保持某種相對關係。如果每筆失敗交易的損失都很小，成功部位只要維持中等程度的獲利就可以了；如果失敗部位的損失為中等程度，成功部位就必須保持大量獲利；如果失敗部位呈現大虧損，成功部位就必須有特大號的獲利。

讓獲利持續發展

　　我想，我原本可以先討論獲利的主題，因為交易者通常都寧願處理獲利而不是虧損。我從來沒有獲利過早的問題；只要獲利仍持續發展，我總是繼續持有部位。我的問題發生在不能及時認賠，不在於過早獲利了結。讓我告訴各位一段故事。不過，請注意一點，下面這段敘述的對話過程中，讀

者或許要自己添加一些情緒性的形容詞，因為本書的編輯不允許我採用這些字眼。

　　大約在一年半以前，當時SUNW股價還處在$100附近，我曾經放空這支股票。當天，股價以高價開盤，然後開始出現明顯賣壓，所以我進場放空，房間裡的其他同事也是如此。過了兩小時左右，我不經意提到這個部位已經賺了5點。顯然我不應該大嘴巴，因為同事們一直催促我獲利了結。股價持續下跌，難得看到反彈，我告訴他們，只要股價不繼續下跌，並且給我一個好理由，那我就回補。他們的部位都在獲利4點以前就出場了，於是整個下午他們都嘗試操作我的部位。當我賺了$7時，他們說；「老天，趕快獲利了結。」賺了$8時，他們同樣這麼說。最後，我被他們惹火了，於是把心底的話說出來。我問他們（此處可以開始加上一些形容詞）：

　　「我應該什麼時候出場？到底是賺$2、$3、$5、$7或$8的時候？為什麼賺到這些數字的獲利就應該出場呢？你們從我獲利5點就開始叫我出場。如果我在部位獲利4點時就告訴你們，你們也會叫我在4點獲利出場。你們到底怎麼知道什麼時候是最佳的出場時機？你們已經全部出場了，而且沒有人願意現在進場放空，因為股價跌幅已經很大了。所以，除了幫我操作部位之外，你們現在已經沒有什麼好做了。拜託，讓我自己來處理。」

　　結果，我繼續持有部位到臨收盤前，每股獲利$10，這

也是我截至當時爲止獲利最豐碩的一天。

當天，我學到兩個教訓。第一，不要讓其他人的想法影響你的交易；第二，不論賺了多少錢，只要部位獲利持續擴大，就不要了結。SUNW整天都處於跌勢，根本沒有理由提早結束部位。這類的走勢不經常發生，如果發生，絕對應該充分利用。如果行情朝你的方向發展，就應該繼續持有部位，沒有必要提早獲利了結。一、兩筆重大交易的獲利，就足以彌補數十筆小額虧損；所以，只要掌握顯著的**趨勢**，就不要輕易放棄。不妨藉由**追蹤式停止單**（trailing stop）結束部位，在行情折返的適當位置才獲利出場，只要停止單沒有遭到觸及，就不需出場。

「讓獲利持續發展」的原則，很多交易者都很難遵守。他們總是過早出場，因爲他們一向都被訓練爲如此，但某些情況下，繼續持有才是正確的做法。另一種方法是預先擬定交易計畫，除非出場停止單遭到觸發，否則就必須根據預先設定的目標或條件出場。預先設定這些目標或條件，可以避免你胡思亂想。我稍後會解釋，交易部位絕對需要透過追蹤式停止單來保護既有獲利，除非部位建立的基本動機已經發生變化，否則就應該讓獲利持續發展。某些情況下，你可能覺得應該結束獲利部位，例如：市場出現明顯的買進高潮，忽然出現重大走勢，價格波動轉趨劇烈。這些現象通常意味你應該結束獲利部位，沒有必要讓既有獲利承擔「得而復失」的風險。重大走勢發生之後，行情通常會稍微回檔整理，不妨先做部分的獲利了結。行情平靜下來之後，你永遠

都可以重新進場。可是，如果行情發展得非常順利而穩定，
實在沒有提早獲利了結的理由。

出場策略

分批出場

當部位處於獲利狀態，很多交易者會覺得不知如何是
好。某些人可能會出場，另一些人可能會加碼，更有一些人
可能會做部分了結。有人就曾經拿這個問題問我：「如果你
擁有1000股某股票，股價出現一波不錯的漲勢，但開始陷入
整理。你準備怎麼辦？」加碼、出場或只做部分獲利了結。
這三個決策都可能正確，但性質全然不同；所以，這是很難
回答的問題。

很多人的直覺反應是：「嘿，股價剛大漲一波，最好還
是獲利了結，然後到高爾夫球場慶祝一番。」另一些人的想
法剛好相反，他們會加碼，因為「這支股票的表現強勁，而
且剛開始進入整理，還沒有轉弱的跡象，很可能還有另一波
漲勢。我已經擁有一支好股票，為什麼要另尋對象呢？不如
加碼，充分發揮資金的賺錢效率。」究竟哪個決策正確，當
然取決於市場、交易者的目標與風險容忍程度。我認為，最
好的辦法是做部分獲利了結，但仍然持有一些部位。如此一
來，萬一情況不對勁，最起碼也已經獲利一部分。如果行情
繼續上漲，除了剩餘部位參與漲勢之外，仍然可以考慮加
碼。所以，行情處於整理狀態，畢竟還是有向下突破的風

驗，但風險暴露程度至少已經降低，了結一部分獲利。

合理的出場策略，應該納入分批出場的可能性。你沒有必要一次出場。可是，很多人根本不考慮這種可能性；他們就是一次進場，然後一次出場，完全不考慮其他可能性。如果資金充裕，通常我都建議交易者建立多口契約或300股的部位。就我個人來說，往往會在第一波走勢告一段落之後，先把三分之一的部位獲利了結，另外三分之一部位則按照正常方式出場，然後保留剩下三分之一部位做最後一擊。至於虧損部位，必須更嚴格遵守出場法則。如果部位無法立即獲利，立即了結三分之一部位，剩餘三分之二部位則採用正常的停損。如果你曉得如何分批獲利了結，就可以先實現部分獲利，但仍然保留捕捉大行情的機會。

在來得及之前斷然出場

一筆交易剛開始時很順利，結果卻轉盈為虧，或轉小虧為大虧，這是每個人都難以避免的經驗。某些情況下，你知道自己應該斷然出場，但因為種種原因而沒有及時掌握機會，因此陷在其中。沒有在適當時候出場，通常會付出慘重代價。錯失出場機會之後，交易者通常有兩種選擇：等待另一個機會；或者不計代價立即出場。等待另一個機會，或期待情況自然好轉，經常會造成更大的麻煩。一旦發現自己的判斷錯誤，立即出場，不要再猶豫。

應該出場就出場

交易者經常有一種壞習慣（我也是如此），總是想要

賺取最後一檔。假定你放空某支股票，看到股價剛創
24.10的低點。於是，你準備回補，遞進買單之後，卻看
到股價上漲10美分。現在，你不願在較高的價格回補
了；你想等股價再回到當初的低點，因為你太貪心了。
為了買在最低價附近，你把買單設定在24.11，但股價再
也沒有回到這個位置。結果，你「卡」住了，股價由低
點反彈20美分，然後30美分，50美分；沒有多久，既有
的獲利都消失了，部位只能勉強持平。最初，當你覺得
應該出場時，如果採用市價回補的話，獲利原本有60美
分，但你太貪了。現在，你面臨的是盈虧保衛戰，但還
在期待股價創新低。

　　完美的交易，可遇不可求；所以，不要期待自己能夠捕
捉最高價或最低價。只要覺得自己應該出場，就斷然出場，
不要勉強爭取最後1分錢。最起碼也應該透過市價單結束一
些部位，剩餘部位或許還可以等待行情回到更理想的價位。
這個原則同時適用於獲利了結與認賠出場，也適用於進場。
不要因為1、2分錢而錯失行情。如果你想要買進，就按照賣
出報價買進；想要賣出，就按照買進報價賣出；否則，如果
想要部位沒有成交，你只能自怨自哀。

一旦進場動機不復存在就出場

　　一旦進場動機出現變化，就應該考慮出場。舉例來說，
假定你因為某支股票的走勢呈現相對強勢而買進。現在，如
果該股票已經不具備這種相對強勢，就應該出場。如果你因
為某個支撐價位或某個技術指標而買進，如果該支撐價位沒

有發揮應有的功能，或技術指標沒有出現應有的後續發展，立刻出場；只要確定自己的判斷錯誤，就出場。如果某技術指標沒有按照預期反轉，那麼不論你如何虔誠祈禱，恐怕也不能讓它反轉。承認自己判斷錯誤的事實，馬上結束部位。不論當時是獲利或虧損，只要建立部位的動機不復存在，就應該考慮出場。舉例來說，當價格逼近趨勢線時，假定你判斷該趨勢線應該發揮功能而預先進場建立部位。可是，如果該趨勢線被貫穿，這就意味著你的判斷錯誤，馬上認賠。

如何處理虧損部位，其重要性遠超過獲利部位？

　　房地產投資人都知道，決定價值的關鍵三要素為：地點、地點與地點。對於金融交易而言，**成功的三要素則為：認賠、認賠與認賠**。如何侷限失敗交易的損失，其重要性甚至超過如何擴大成功交易的獲利。關於出場策略，首先要考慮的就是在哪裡出場才不至於造成嚴重傷害。唯有知道最糟情況下的損失，才可以考慮你可能賺多少錢。失敗部位應該在適當狀況下儘快出場。如果你因為不願意承擔損失而堅持失敗部位，這種態度絕非賺錢之道。學習如何認輸，這是金融交易者所需要的最重要知識之一。繼續持有成功的部位，這點雖然很重要，但除非你知道如何割捨失敗部位，否則就還有一大段路要走。對於資本充裕的交易者而言，只要處理得當，沒有任何單筆交易足以造成致命傷害。堅持預先設定的停損，這點很重要，因為些許虧損不會傷及筋骨，如果聽

任虧損持續累積，將成為一場災難。

　　首先要瞭解一點，虧損只代表某個部位失敗，並不代表你的交易失敗。每位交易者都難免發生一些虧損，這原本就屬於交易程序的一部分。反之，在不合理的情況下，聽任些許虧損演變為重大損失，這才是真正的交易失敗。很多人認為，認賠就等於承認自己交易失敗，實際上並非如此。這些人愈早體認到虧損是一種常態，瞭解大約有半數的交易會以虧損收場，就愈能及早以正確的態度處理失敗部位。**所謂的成功交易者，就是那些知道如何處理失敗部位的人**。不論你是多麼笨拙的交易者，偶爾總是會碰上賺錢的部位。所以，如果你曉得如何把失敗部位的損失侷限在最小程度，就有機會成功。這意味只要成功部位的獲利還在持續擴大，就繼續持有部位。請注意，迅速認賠並不代表你不給虧損部位任何反敗為勝的機會。交易部位通常都應該有一些虧損的空間，但只要你察覺該部位顯然錯誤，那就應該立刻出場。認賠的原則很簡單：任何一筆交易都應該享有最大的獲利潛能，但前提是它也不允許構成真正的傷害。

停損的功能

　　停止單是一項非常重要的工具，但很多交易者並不瞭解其用途，也不知道在哪裡設定停止點。他們可能隨意設定，完全不考慮實際市況。某些人只根據自己願意虧損的額度設定停損。停損應該根據市場情況而設定在適當位置，不應該反映交易者主觀的看法，否則停損點可能太接近，讓交易部

位沒有適當的活動空間，換言之，一個部位可能完全沒有成功的機會，就已經被停損出場了。更糟者，如果停損設定得太遠，損失可能變得太嚴重。

停止單雖然也可以用來建立新部位，但本章基本上都是討論停損；換言之，**停損單是用來防範自己判斷錯誤而侷限損失的交易指令**。所以，停損單的最重要功能，當然就是控制虧損程度。這部分功能，讓交易者得以長期停留在金融交易市場，也讓他有成功的機會。沒有停損單，交易者可能讓失敗部位變得不可收拾，整個交易計畫完全走調。想成為成功的交易者，首先必須瞭解如何保障資本。這涉及資金管理技巧、風險控制，以及如何設定停損。

預先設定停損，可以讓緊繃的心理稍微放鬆。你不需不斷質疑自己的決策到底對不對。萬一判斷錯誤，你知道自己將在哪裡出場，甚至在交易進行之前就已經知道了。設定停損，就好像買了保險一樣；晚上可以高枕無憂，因為你知道最大的損失是多少。實際進場之前，就已經知道最糟的出場位置，這方面的資訊讓你得以控制風險，評估交易的風險報酬關係是否值得採納。如果沒有預先設定停損，即使是心理停損也可以，可能會招致麻煩。請注意，停損可以實際下單設定，也可以只是放在腦海裡。絕大部分的交易者都沒有足夠的紀律執行心理停損；所以，除非你具備這種程度的紀律，否則最好還是實際下單設定停損。

失　控

　　讓我告訴讀者一些個人經驗。某個交易部位，剛開始只出現小虧損，但因爲我期待行情反彈而不願出場。當行情又下滑了一些時，我竟然加碼，因爲我自認爲價格必定會反彈。結果並沒有，情況繼續惡化。原本只應該是$2,000的損失，現在已經累積爲$5,000，我更不能出場，因爲我無法承擔這些虧損。只好繼續挺著，祈禱行情反彈，結果當天的損失竟然高達$8,000，相當於我所願意接受損失的四倍。如果我預先設定停損，就不至於失控，結果只會損失應該發生的損失$2,000，然後就可以從事另一筆新交易。可是，我並沒有這麼做，使得當天的狀況幾乎讓我信心崩潰，連續影響幾天的交易。

停損並非萬無一失

　　雖然停損很重要，也應該採用，但這並不是很多交易者所認爲的安全網。停損單可能讓交易者疏於照顧部位；此外，如果行情演變劇烈或出現跳空走勢，停損單的實際成交價格可能遠遠不同於停損價位。你當初可能只願意損失$1,500，但停損單的成交價格卻讓你實際損失$2,500。

過度的安全感

　　某些部位建立之後，可能沒有發生預期中的效用，但虧損程度並不嚴重。舉例來說，部位停損可能設定在10檔距離外，但實際上只發生3檔虧損。即使交易者已經不十分認同這個部位，但距離停損點畢竟還很遠，所以他可能繼續持

有。他在適當價位設定停損，除非該停損遭到觸發，否則就認定該部位還是正確的。這不是很好的態度。你之所以建立某個部位，必定存在某些理由或動機，如果這些理由或動機已經不適用，或你對於該部位已經覺得不對勁，就應該立即出場——停損是出場的充分條件，但非必要條件。不要只因為停損沒有引發，就認為部位很安全。雖然部位應該設定停損，但你不是非被停損出場不可。只要覺得不對勁，不論是小賠或小賺，都應該立即出場。養成這種習慣之後，可以幫你節省很多錢——至少就長期而言是如此。舉例來說，你針對某突破走勢建立部位，但隨後沒有出現預期中的跟進走勢。這種情況下，你沒有必要等到停損遭到觸發才出場。如果交易沒有按照預期計畫發展，那麼最終很可能還是會被停損出場；若是如此，為什麼不提早出場而減少一些虧損呢？

安全假象

我通常都會採用時間停損，一筆交易如果不在45分鐘內出現預期內的發展，我就出場。不幸的，如果部位在最初20、30分鐘內出現小損失，我經常會忽略。我的心態如下：損失並不大，而且還有很多時間，不妨再看看。結果，我看著部位持續惡化，最後往往會發生沒有必要的損失。關於這種現象，我應該多加警惕，但這也是預先設定停損造成的副作用。

滑移差價

滑移差價（slippage）是停損單運用上經常遇到的問題。換言之，停損單的實際成交價格不同於預先設定的停損

價位，尤其是當行情朝不利方向快速變動時。某些新聞事件
可能造成價格跳空，例如：總統大選計票錯誤、利率調降或
企業盈餘報告。另外，行情突破重大關卡時，也可能出現跳
空走勢。這類情況下，預先設定的停損可能被穿越，實際成
交價格將遠遠不同於停損價位。假定某天開盤價較前一天收
盤高3點，也高於預先設定的停損；這種情況下，停損單將
立即變成市價單而進行撮合。碰到這種現象，除了詛咒兩
句、自認倒楣以外，恐怕也沒有辦法。2001年1月3日，當
FED意外宣佈調降利率，我完全無能為力，根本沒有辦法透
過停損單侷限空頭部位的損失。請參考圖9-1的QLogic（代號
QLGC）1分鐘走勢圖，雖然我沒有實際設定停損，但只要
價格向上突破先前高點（B點），就準備停損出場。當時我在
A點位置進場放空，因為股價無法突破先前高點。我同時也

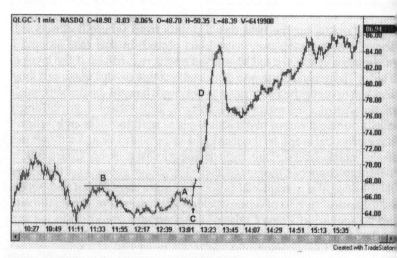

圖9-1　QLGC 1分鐘走勢圖：穿越停損點的暴漲走勢。

放空一些其他股票。調降利率的消息出現在C點，當時爆發的漲勢根本不允許我控制損失。我立即遞入市價買單試圖回補，但買單撮合在D點，與預計停損點（B點）之間的距離高達$12。至於其他空頭部位，每股損失也高達$5或$7。即使我預先實際設定停損單，我不認為情況能改善多少，滑移價差實在可怕。

錯誤的停損

停損設定得太近

關於停損，除了完全不設定停損之外，最常見的錯誤就是設定價位不當。有一種非常令人沮喪的情況，當我們建立部位之後，行情朝不利方向發展，觸動停損之後，立刻又朝我們當初預期的方向發展。一個理想的停損點，除了防範你發生重大虧損之外，同時也要讓部位存在一些活動空間，允許發生一些不利走勢而不至於讓正確部位停損出場。停損設定得太緊密，部位可能窒息——換言之，沒有發展為成功交易的空間。這可能是因為太擔心發生虧損，過分強調「迅速認賠」的觀念，或缺乏設定停損的技術知識。把停損設定在市場的正常活動範圍內或趨勢線之內，很可能讓你在最不該停損時被停損。他們對於行情的判斷或許正確，但只要進場價格不太理想，或行情波動較劇烈，很可能就會被停損出場，結果還是不能有效掌握機會。遭到停損之後，行情立即朝他們當初預期的方向發展。於是，他們再度進場，進場點很可能也是稍早的進場點。

　　停損設得太緊，經常成爲虧損發生的原因。沒錯，虧損都不嚴重，但只要把停損設定在行情活動的正常範圍內，停損就經常會被觸發。停損設定太緊，將壓低交易的成功率，一些原本會成功的交易，最後很可能演變爲小賠，因爲你根本沒有給它們機會。

　　我認識一位從事S&P 500電子迷你契約交易的客戶，他不允許發生2、3點以上的虧損。對於S&P迷你契約來說，每天很可能出現20點的走勢，所以2、3點根本算不上什麼，任何10分鐘都可能出現2、3點的行情波動。換言之，對於10分鐘的走勢來說，2、3點很可能是正常價格波動的1個標準差，這類停損遭到觸發的機率高達70%左右。除非進場點挑得非常精準，否則很難有成功機會。所以，如果行情波動稍微劇烈些，他每天進行的交易大約有8成被停損出場，這對於我（經紀人）當然很好，但對他來說就很不好了。更令人訝異的是，他對於行情發展方向的判斷總是正確。如果他能妥當設定停損，絕對會是一位成功的交易者。大約進行了六個星期的交易，最初$5,000的資本就慢慢耗盡，雖然他總是繼續匯入款項，但永遠都沒有由錯誤中學習教訓。他太擔心單筆交易造成嚴重虧損，結果卻讓每筆交易都以小賠收場。如果他只允許一筆交易發生$100的損失（S&P 500迷你契約的2點），或許應該挑選玉米之類的市場，因爲其每天價格波動幅度大約是$200或$300。對於S&P 500迷你契約而言，$100的停損太少了，根本沒有合理的發展空間。

停損設定得太遠

停損設定得太近，是一個問題；反過來說，停損設定得太遠，也是一個問題。如果採用特定金額做為停損，設定距離很可能遠超過安全位置。如果該停損遭到觸及的話，實際發展通常都是先引發適當位置的停損，然後才引發實際設定的停損；換言之，合理損失原本只是$300，但實際停損卻讓損失無故增加到$500。如果這種問題變成一種習慣，交易資本恐怕很快就會被勾銷。可是，某些情況下，適當停損位置可能真的距離市場價格很遠；舉例來說，如果行情剛出現一波重大漲勢，下檔第一個有效支撐的位置可能距離很遠。在這種情況下，由於技術性正確的最近停損點，其距離超過你所願意接受的虧損程度，你或許應該放棄機會，因為這筆交易的風險_報酬關係並不恰當。

行情波動愈劇烈，停損就應該設定得愈鬆

請記住，行情波動愈劇烈，有效停損就必須設定得較遠些。如果你不能忍受較大水準的虧損，這些股票或市場就不適合當做交易對象。關於股票交易，我的停損一般都設定在50美分到$1之間。可是，如果對象是雅虎之類的股票，一天內可能出現$15的股價波動，所以，當你的買單撮合時，股價可能已經出現$1.5的變動。對於這類走勢瘋狂的股票，你必須願意損失$3或$5，否則就會經常被停損出場，結果看著股價在一個小時之後上漲$8。請注意，對於相同的股票或市場，某些時候的走勢可能很平穩，但有時候的走勢可能波動劇烈；所以，價格波動劇烈並不是指某股票或市場的本質，

而只是反映實際現象。2002年夏天，雅虎股價約在$12附近，每天的價格波動很少超過$1，所以50美分的停損，其適當程度超過$5的停損。夏天的黃豆價格波動程度，通常都超過多天；所以某些情況下，你必須願意承擔較大的風險。如果你覺得風險太高，就應該避開某些股票或市場，而不是採用不適當的停損。

停損設定位置

前文已經提過，停損應該設定在股價正常波動範圍之外，除非你對於虧損有特別的偏好。停損的設定位置，不應該受到個人主觀看法影響（換言之，你所願意接受的虧損程度），而應該取決於市場客觀條件。停損單應該避免無謂被觸發，如果你認為行情很可能發展到某個位置，停損就不應該設定在該走勢的發展途徑上。不論採用哪種時間架構，停損都有一些應該儘量避免設定的位置，例如：整數價位、移動平均、趨勢線、先前高價低價等重要支撐壓力的內側。由於「自我實現預期」的緣故，行情經常會被整數價位或趨勢線吸引，所以停損最好設定在這些關鍵價位的外側──而不是內側。另外，關鍵價位與停損價位之間，應該保留適當距離。如果停損設定太接近關鍵價位，萬一碰到較劇烈的走勢，停損仍然可能無意之間被引發。究竟如何恰如其分的設定停損，顯然並不簡單。本章的後續篇幅將討論各種型態的停損，並說明其用途與適當設定位置。

停損類型

資金管理停損

這種類型的停損，只允許你發生特定金額的損失。資金管理停損可以避免交易者傷及筋骨；可是，就我個人的看法，這是一種最經常被誤用、也是最不應該被使用的停損。

對於任何一筆交易，很多人頂多只願意接受特定金額的損失，例如：$500。換言之，這種停損是為了防範任何交易發生$500以上的虧損。可是，這種停損完全不考慮當時的市場情況。除了本身的主觀意願之外，風險評估也應該取決於市況。某些市況下，$500已經太多了，另一些市況下，$500根本讓部位沒有伸展手腳的空間。請參考圖9-2，這是黃豆的60

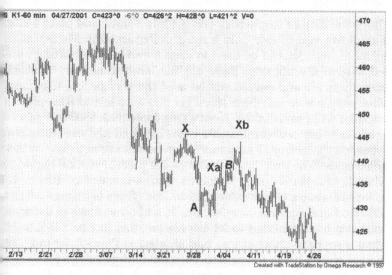

圖9-2　黃豆60分鐘走勢圖：停損應該根據市況設定。

分鐘走勢圖。舉例來說，假定你在A點放空而認定行情應該
會繼續下跌。如果你採用$500的固定停損，這個部位將在Xa
被停損出場。Xa只是反映你個人的主觀意願，完全沒有反映
當時的市況，所以不是好停損。如果你等待行情由低點反
彈，在B點（而不是A點）才進場放空，同樣是$500的停損，
但停損位置（Xb）剛好是先前的高點X，所以是適當的。X
是技術上正確的停損，讓你得以掌握隨後一波跌勢的行情，
但X點則是隨意設定，完全沒有反映市況。

引用於不同市場，資金管理停損也會有麻煩。某些市場
的價格波動較劇烈，適用於某市場的停損金額，未必適用於
另一市場。舉例來說，$500的停損對於玉米市場來說相當安
全，一天內不太可能被引發；可是，對於相同的停損，S&
契約很可能在5分鐘就遭到觸及。交易者必須瞭解市場或個
別股票的市況，如此才能設定恰當的停損。採用特定金額的
停損，這是懶人使用的方法，懶人方法通常都不是最好的方
法。交易者必須具備技術分析的知識，而且願意花時間研
究，才能找到理想的停損位置。另外，你也必須知道自己願
意承擔多少風險，才能決定是否應該進行一筆交易，或決定
建立幾口契約或多少股數的部位，但停損位置不應該受到這
種主觀意願的影響。

運用資金管理停損，決定部位規模

資金管理停損的適當運用方法，是配合技術分析設定停
損，藉以決定部位規模。實際建立部位之前，交易者應該知
道每筆交易頂多願意接受多少虧損。對於$10萬的帳戶，每

筆交易所願意接受的最大風險或許是$2,000。當然，這只是粗略的數據，不必非常精確。一般來說，這項金額通常都是交易資本的某個百分率，細節部分請參考本書有關資金管理章節的討論。至於停損應該設定在何處，就需要視個別情況判斷，由市場狀況顯示，並非取決於荷包大小。回頭參考圖9-2，在B點位置，你決定該筆交易的停損應該設定在Xb位置，對於單口契約來說，相當於$500。所以，把$2,000除以$500，你知道這個部位頂多可以建立4口契約。4口契約代表部位的高限，你沒有必要實際建立4口契約的部位，除非勝算很高。一般來說，最初都只會建立一半或三分之一的部位，如果交易進行順利，才考慮陸續加碼到部位高限。如果時效拿捏非常準確，進場當時的風險很小，最初建立的部位規模或許可以超過最高限制的一半。反之，如果進場當時的單口契約合理停損必須設定在$2,500之外，顯然就不應該進場，因為所允許接受的最大損失只有$2,000。

走勢百分率幅度的停損

　　如同資金管理的停損一樣，走勢百分率幅度的停損，將顯示每筆交易所允許發生的最大損失。這種方法設定的停損，基本上是由市況決定。至於這個百分率的計算基準，你可以挑選價格走勢的真實區間（true range）、價格波動標準差（standard deviation）或交易所規定保證金的某個百分率。交易者必須熟悉個別股票或市場的特性，才能挑選適當的停損百分率。我發現，對於任何特定一筆交易，所能接受的最大風險不應該超過每天真實價格區間的30%。儘可能採用較長期的走勢圖，藉以決定停損百分率。對於長期部位來說，

最好採用每週或每個月的價格真實區間來計算。關於期貨交易，不妨採用交易所規定保證金的25%~33%做為停損。即使是長期部位，停損也不應該超過保證金額度。

　　對於股票當日沖銷交易，我發現停損不應該超過股價每天平均真實區間的25%到30%。如果股價每天的真實區間為$2，只要部位發生85美分的虧損，顯然就大有問題了。這通常意味著我的進場時機不對，或者判斷完全錯誤，所以每筆交易的最大損失，不允許超過每天平均真實價格區間的30%。如果適當的停損位置超過這個限制，就不應該進行交易。舉例來說，假定黃豆允許的最大損失為$300、玉米為$100、S&P為$2,000、IBM為$1.0、戴爾電腦為40美分，唯有單口契約（1股）的適當停損小於前述金額，我才考慮進場建立部位，否則就應該避免。

時間停損

　　停損不一定要根據市況或你所願意接受的損失決定；你也可以設定時間的停損，一筆交易只允許在某特定時間之內出現預期的走勢，否則就出場。本書稍早曾經提到，我個人很喜歡採用時間停損。理由？對於一些無效部位，我的持有時間經常過久。停損的時間長度，當然取決於個別情況。對於那些極短線的玩家，停損長度可能只有10分鐘；某些當日沖銷者，可能會採用45分鐘的時間停損；對於採用60分鐘走勢圖的當日沖銷者，或許會把停損設定在收盤；至於部位交易者，或許可以採用5天的停損。如果交易發展很順利，部位就不需受限於時間停損。前述提到的時間長度，只代表我

固人認爲合適的時間停損；當然，每位交易者都有自己覺得
適用的時間停損。一旦設定時間停損之後，進行不順利的部
立，就必須在時限內出場。

　　最近，我開始透過時間停損來結束沒有指望的部位。當
日沖銷的部位，如果沒有在45分鐘內出現預期的走勢，我就
出場，因爲我認爲自己的資金與精力還有更好的用途。適用
時間停損的交易，包括那些處於虧損或小賺情況的部位。一
筆好交易應該在進場之後立刻出現預期的走勢（最成功的部
立通常都是如此）。經過30分鐘之後，如果還無法賺錢，我
就知道自己錯了。我還會多給一些時間，到了45分鐘，就會
開始出場（如果價格停損還沒有被引發）。進行不順利的部
立，理當及早出場，但實際情況未必如此。我採用時間停
損，主要是因爲一些部位剛開始的虧損並不嚴重，每股損失
可能只有10美分，傷害不嚴重，很容易被忽略。可是隨著時
間經過，虧損可能變成20美分、40美分或60美分，等到你覺
得事態嚴重時，可能已經過了兩小時，每股損失可能累積爲
1；這時損失已經太嚴重而難以自拔了。一般來說，發展不
順利的部位，情況通常都會愈來愈糟，所以還是及早認賠。

　　對於自己建立的部位，行情將如何發展，交易者應該會
有所預期，而且也應該考慮預期走勢大約發生在何時。如果
實際的發展並非如此，就應該考慮出場——不論盈虧或持
下。只要特定期限內沒有發生預期中的走勢，小賺或小賠都
是可以接受的。沒有必要繼續耗下去，等待價格停損遭到觸
發。身爲交易者，你應該挑選一些處於積極發動狀態的對

象，沒有必要堅持一些跟自己過不去的部位。與一些還沒有發動的部位耗在一起，還不如另外尋找機會。

技術分析停損

讓市場告訴你適當的停損位置，這才是正確的方法。對於行情發展，萬一判斷錯誤，應該讓市場告訴你在哪裡停損，這才是最好的停損。行情應該怎麼發展，就會怎麼發展；市場根本不在意交易者允許發生多少虧損。交易者如果只根據自己願意接受的損失來設定停損，位置未必恰當，因為停損可能位在市場的正常交易區間內。就所採用的任何特定時間架構，如果停損設定在重要技術關卡的內側，或在行情正常交易區間內，你的錢很可能會插上翅膀，因為部位遭到停損的機會很大。**設定停損時，務必要給自己一些緩衝空間**。不要緊貼著趨勢線的外側設定停損，不妨留下一個標準差的緩衝（請參考下文解釋）。至於如何透過技術分析設定停損，方法有很多，舉例來說，停損可以設定在趨勢線、移動平均、通道、X支線形低點、某費伯納西折返比率、先前高點低點等重要支撐壓力的外側。這是逆向行情最可能停頓的位置；如果這些位置遭到突破，很可能就意味著趨勢反轉，所以最好儘快認賠。

根據市況設定停損的好處，是風險非常清楚，而且可以有效侷限損失。如果某筆交易所必須承擔的風險太大，勝算不高，你可以不進行交易。不要擔心錯失機會；錯失機會的最大問題，頂多只是不賺錢而已，不賺錢總勝過賠錢。

　　讀者不妨翻閱本書稍早討論的走勢圖，就可以看到一些
正確與錯誤的停損。圖9-3包含幾個交易機會。A點是行情突
破先前高點的位置。如果交易者頂多只允許每股發生$1的損
失，停損將設定在N點（N代表No[不]的意思）。這個停損很
容易被觸發，因為它位在通道下限與上升趨勢線之內。實際
走勢雖然沒有引發N點的停損，但這個停損畢竟不恰當。停
損設定在1點比較恰當，該點位在通道下限與先前低點的外
側。如果1點被突破，次一個適當停損位置在2點，該點位在
主要上升趨勢線的稍下方，所以更理想。萬一價格跌破3點
（位在最近主要低點的稍下方），多頭部位絕對應該認賠。整
體來說，我不認為這是很好的機會，因為適當停損點的距離
都過遠。可是，B點代表比較不錯的機會，因為點4的停損只
有幾美分的距離，點5與點6則對應著A點的點2與點3。這裡

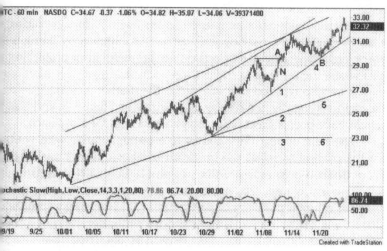

圖9-3　英特爾60分鐘走勢圖：技術性停損。

同時顯示數個停損點，主要是運用於多口契約的部位，第一個停損可以結束一些部位，第二個停損又結束另一些部位。點3與點6的距離過遠，每股損失大約高達$7，所以不該考慮。點2與點5的損失還不算嚴重，但對於當日沖銷者來說，還是距離稍遠，似乎只適用於長期交易部位。點1的距離甚至也太遠，所以不適合做為該時間架構的短線交易對象，點4則很不錯，這個停損與當時的市價距離很近，適合建立短線部位。只要進場的位置恰當，緊湊一點的停損仍然可以接受的。關於A點，由於這是突破先前的高點，還可以考慮另一種可能性：多頭部位把停損設定在先前高點的稍下方。這類停損很容易被引發，但因為損失很有限，而且交易成功的獲利往往很可觀，或許值得一試。

對不同時間架構進行微調，決定出場點

　　交易過程中，絕對應該參考較高時間架構的走勢圖，如此才容易看清楚重要技術關卡，也更容易瞭解在何處設定停損。可是，實際獲利了結或停損出場時，可以採取較短線的走勢圖。圖9-4是對應著圖9-3的10分鐘走勢圖。實際進場之前，可以採用60分鐘走勢圖尋找適當的停損點。找到適當的停損點之後，改用10分鐘走勢圖尋找實際交易位置。舉例來說，根據60分鐘走勢圖分析，你決定在A點建立突破走勢的多頭部位，停損設定在點1。如果這是短線交易，點1的停損距離或許太遠，不妨把停損設定在移動均線稍下方的點（參考圖9-4）。所以，點1變成最糟發展情節的停損。部位建立之後，隨著時間經過，移動均線的停損點（或停止點）將

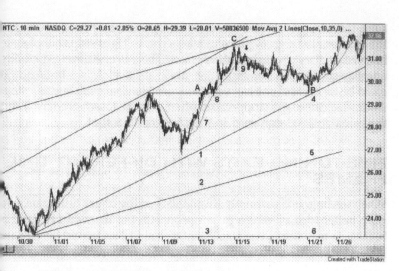

圖9-4　英特爾10分鐘走勢圖：出場點的微調。

連續向上調整到點8與點9；換言之，永遠把停止點設定在當
時均線的稍下方。結果，A點建立的多頭部位，實際獲利出
場的位置將在點9，這也是價格向下穿越均線的位置。如果
留意，讀者也應該發現C點已經非常逼近通道上限，參考圖
9-3或許更清楚，這是很好的獲利了結位置，然後在場外觀察
拉回整理走勢。

　　價格在A點向上突破之後，耐心的交易者可以等待行情
拉回重新測試突破點（B點）。觀察圖9-3可以發現，B點很接
近通道下限。這個進場點很理想，所有的條件幾乎都相互配
合：上升趨勢拉回測試趨勢線。部位建立之後，短線交易者
可以把追蹤性停止點設定在當時移動均線的稍下方，直到停
止賣單被引發為止。

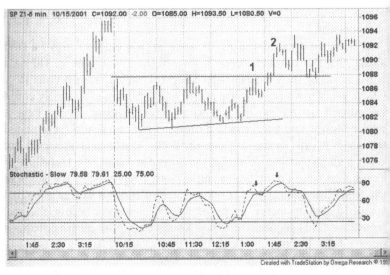

圖9-5　S&P 5分鐘走勢圖：根據技術指標設定的停損。

根據技術指標設定的停損

停損的參考基準不一定要是價格本身，也可以是某種技術指標，例如：把停損設定在RSI跌破50的位置，或隨機指標沒有出現特定行為，就停損出場。請參考圖9-5，你或許希望在點1放空S&P指數，因為股價處在橫向盤整區間的上限，而且隨機指標在超買區做頭，開始折返中性區域。對於這個空頭部位，你告訴自己：「如果隨機指標向上穿越先前的峰位，我就停損出場。」結果，45分鐘之後，隨機指標真的向上穿越先前的峰位（請參考圖形標示的點2），一位嚴守紀律的交易者將在此出場。這種設定停損的方法，執行起來比較麻煩，因為你只能採用心理停損，必須持續看盤，但就技術上來說，這是一種適當的停損方法。只要你願意，幾乎任何

技術指標都可以做為停損的參考基準。

追蹤性停損（停止）

　　部位建立之後，如果行情朝預期的方向發展，使得部位出現一些帳面獲利，這種情況應該如何處理呢？當初設定的停損，距離已經太遠，你希望調整停損點，減少可能發生的最大損失，甚至另外設定停止單來保護既有獲利。如果當初的停損設定為$500，而部位目前的獲利也已經是$500，萬一當初的停損遭到觸發，損失相當於$1,000。雖然部位還沒有實際了結，但帳面獲利畢竟還是你的獲利，應該想辦法保護這些既有獲利。如果你所願意承擔的風險通常不超過$500，現在為什麼要冒著損失$1,000的風險呢？保護既有獲利與迅速認賠，兩者同樣重要。

　　為了保護既有獲利，你可以根據市況發展調整停止（停損）位置。很多交易者誤認為部位建立之後，只要當初設定恰當的停損，一切就安全無虞了，所以也就疏於照顧部位。就我個人的交易經驗來說，有太多的獲利就是因為沒有根據市況發展調整停止點而還給市場。停損（停止）不應該是單次決策；應該依據市況發展而重新評估。部位建立之後，應該持續觀察行情發展，隨時都假定該部位是新建立。如果行情朝有利方向移動，經常會出現新的關卡價位，讓你可以設定新的停止點，藉以降低部位風險。如果既有的停止點距離太遠，但又找不到適當的價位設定新停止點，最好的辦法就是了結部分獲利。

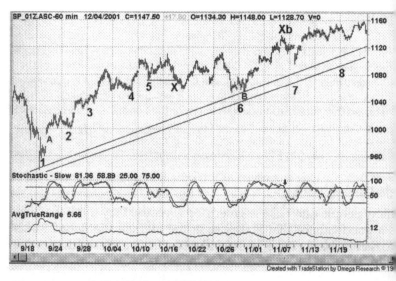

圖9-6　S&P 60分鐘走勢圖：追蹤性停止。

　　如果採用順勢交易系統，停止點就很容易調整。隨著行
情不斷走高或下滑，或行情沿著明確的趨勢發展，或顯現明
確的移動平均，就可以依此設定停止點。請參考圖9-6，如果
在A點進場，停止點可以隨著上升趨勢的發展而向上調整。
只要價格創新高，而且波段低點也持續墊高（譯按：符合上
升趨勢定義的走勢），就可以把停止點移動到先前低點的稍
下方。結果，這個部位將在X點出場，獲利相當不錯。另
外，假定部位在B點進場，則可以依據上升趨勢線設定停損
（停止）。上升趨勢線下側的平行直線，即是實際設定停止點
的位置，兩條直線之間的距離，代表緩衝區，因為上升趨勢
線偶爾會被假跌破。

獲利了結

如果行情出現一段重大走勢，使得部位的適當停止點距離太遠，這種情況是最難處理。如果實在看不到適當的停止點，就必須考慮（分批）獲利了結。如果當時建立新部位的風險太高，獲利了結就是合理的抉擇。請參考圖9-6的Xb，這就是典型的例子。當時漲勢顯然已經過度延伸，而且隨機指標已經由超買區折返中性區。此處大可先獲利了結一次，然後另外再找進場機會。如果可能，至少應該做部分的獲利了結，沒有必要讓整體獲利承擔風險。這種做法當然也有缺點，因為你所結束的部位，是一個繼續在賺錢的部位，你可能過早出場。若是如此，你應該在下一波回檔走勢重新進場，即使重新進場的價位更高也在所不惜。這時你所嘗試建立的是一個嶄新的部位，已經結束的部位就讓它過去吧。如果新部位發生損失，怎麼辦？你已經先獲利了結一次了，目前擁有的是一個風險較小的嶄新部位。

逼近就取消的停損

某些人非常擅長調整停損，但調整的方向不對。當行情朝不利方向發展而接近停損點，某些交易者會因此而逆向調整停損點，避免原有的停損遭到觸發。這已經完全喪失當初設定停損的意義。經紀人通常稱這類的調整委託單為CIC單（代表cancel if close的字頭語）。當行情逼近停損點，交易者可以找到上百種調整停損的藉口：跌勢已經回穩了、跌幅已經很大了、RSI已經進入嚴重超賣區，所以價格隨時可能反彈。這種調整策略，

　　偶爾確實可能成功；然而如果當初的停損設定恰當，就
不應該做反向調整。當初的停損是經過深思熟慮而設定
的，其位置應該正確，所以不要討價還價。

心理停損

　　某些人不願意實際遞入停損單，因爲他們認爲這會招致
場內交易員、造市者（market makers）或專業報價商（spe-
cialists）故意引發停損。所以，他們把停損擺在心裡，只要
行情點到該停損，才實際遞入市價單結束部位。問題是心理
停損經常被藉故取消，交易者總是可以找到無數理由，顯示
行情即將反轉。如果行情沒有反轉，只能看著原本有限的損
失逐漸擴大，懊悔當初沒有眞的遞入停損單。除非你能夠嚴
格遵守紀律，否則就不要採用心理停損。如果停損點很接
近，我就不太願意實際遞入停損單，因爲我有太多不愉快的
經驗：停損點剛被觸發，行情就立即朝預期方向發展。現
在，我通常會把重要的停損關卡寫下來，萬一停損眞的被觸
發，會繼續觀察幾分鐘，判斷該走勢是否屬於眞走勢，然後
才實際遞入市價單進行停損。這種停損只扮演警告功能，讓
我準備採取出場的行動。我偏好這種方法，但初學者最好還
是預先遞入停損單，直到你相信自己可以嚴守紀律爲止。當
我外出午餐，或因爲某種原因不能看盤，就會實際遞入停損
單，但基本上仍然偏愛心理停損的彈性。

災難性停損

　　如果你擔心實際遞入停損單，可能被一些無意義走勢引
發，不妨採用我所謂的災難性停損。災難性停損是遠距離的

停損，除非發生非常重大的事件——例如：突然宣布調整利率——否則這類停損不至於被引發。換言之，在正常市況下，災難性停損不會發揮停損功能，但至少能夠讓你稍微安心，因為你知道該部位不會因為特殊事故而造成嚴重傷害。

停損引發的理由

多數交易者都覺得，自己的停損經常莫名其妙的遭到觸發。換言之，設定的停損遭到引發，但就在你出場之後，行情立即朝預期方向發展。你覺得這是「他們」故意做的，但「他們」怎麼總知道你所設定的停損位置呢？停損經常遭到引發，主要是因為大家都把停損設定在相同位置，場內經紀人與專業玩家們都非常清楚這些可能的停損位置。另外，場內經紀人也經常彼此交換客戶設定停損的消息，所以一般交易者設定的停損是很容易預期。停損位置與關卡價位之間沒有預留足夠的緩衝，這也是停損經常遭到觸及的理由之一。特定走勢到達關卡價位，即使該關卡價位能夠發揮預期的功能，走勢也經常會有衝過頭的現象，結果還是會引發過分緊密的停損。

停損儘量不要設定在技術關卡附近，例如：趨勢線、移動平均、先前的高點低點，或道瓊指數10,000點之類的整數價位，因為這類停損太過於明顯，很容易被觸發。如果行情剛出現三尊頭，勢必有大量的停損設定在附近，這些停損很容易被利用。至少專業玩家都知道哪裡有容易賺的錢。如果行情已經逼近這些停損點，場內交易員只要稍微加把勁，就

可以引發附近的停損。由於這部分走勢純屬人爲的，所以很快就會出現反向走勢。總之，停損不適合設定在過份明顯的位置，如果一定要設定的話，也要預留足夠的緩衝空間。

停止並反轉

某些交易系統不會單純結束部位，而是用停損（停止）建立反向部位。換言之，這類交易系統永遠停留在場內，如果不是持有多頭部位，就是持有空頭部位，通常不會保持空手。停止點的作用，就如同建立反向部位的訊號。例如，某人作多2口契約，如果這2口契約遭到停損，停損單也就是4口契約的市價賣單，其中2口契約用來沖銷原來的多頭部位，剩下2口契約則用來建立新空頭部位。簡單移動平均穿越系統，就很適合做這類操作：短期均線向上穿越長期均線，就把空頭部位反轉爲多頭部位；同理，每當短期均線向下穿越長期均線，就把多頭部位反轉爲空頭部位。過去我經常採用這類的系統，因爲「如果不適合作多，那就適合作空。」可是我發現某些行情既不適合作多，也不是合作空，只適合保持空手，尤其是當訊號方向與趨勢方向相反時。

停損與價格波動率

某些情況下，價格波動會轉趨劇烈，盤中的價格起伏程度加大。這就是價格波動率增加的現象，持有部位的風險也隨之增加。當價格波動率增加時，停損也要設定得寬鬆一

些，否則會被正常價格波動引發停損。碰到這種情況，或許
應該減碼。即使你所減碼的部位原本可以賺大錢，減碼的抉
擇或許仍然是正確。降低風險是金融交易的目標之一，所以
你應該儘量避開價格波動劇烈的市場。除了觀察走勢圖的價
格擺動幅度、或衡量價格平均真實區間之外，你也可以利用
價格標準差（standard deviation）衡量價格波動率。如果你知
道當時價格的標準差，就可以在適當位置設定停損，避免正
常價格波動觸發停損。

計算某市場的價格標準差：

一、選定你希望計算標準差的過去期間，最常用的期間
　　爲10期、14期或20期。以下範例是計算最近10期收
　　盤價的標準差。假定最近10期收盤價分別爲：
　　60,58,54,55,58,61,63,59,57,59

二、加總這些收盤價：
　　60+58+54+55+58+61+63+59+57+59 = 584

三、計算10期的平均收盤價：
　　584/10 = 58.4

四、計算每個價格與平均價格之間的差值：
　　60－58.4=1.6, 58－58.4=-0.4

五、加總第4步驟的差值的平方

　　　　　1.62=2.56, (-0.4)2=0.16

六、取第5步驟的加總和=64.4

七、計算價格變異數，把第6步驟數值除以資料點數
　　　10：64.4_10=6.44

八、標準差為變異數的平方根：
　　　(6.44)1/2=2.537716

　　假設價格呈現常態分配，就可以根據標準差來衡量一些
有用的機率數值。根據統計原理，如果價格呈現常態分配
話，平均數的1個標準差範圍內，應該涵蓋68.26%的價格資
料點；換言之，價格落在平均數±1個標準差範圍內的發生機
率為68.26%。就目前這個例子來說，價格落在55.86與60.9之
間（58.4±2.54）的機率有68.26%。如果採用2個標準差的
話，價格落在平均數±2個標準差範圍內的發生機率大約是
95%。換言之，價格有95%的可能性落在53.32與63.48之間。

運用標準差

　　利用標準差資料設定停損，可以避免隨機價格走勢引發
停損。停損至少應該設定在目前價格的1個標準差之外，如
此停損不會遭到觸發的機率才大於68.26%。停損如果設定在
2個標準差之外，則不被引發的機率大於95%。換言之，根據
標準差設定的停損，可以避免停損被正常走勢引發。至於何

謂「正常」走勢，則取決於你採用幾個標準差；採用1個標
準差，所謂「正常」是指68.26%的價格資料；採用2個標準
差，所謂「正常」則涵蓋95％的價格資料。我所採用
TradeStation交易軟體，走勢圖上通常都會標示1個與2個標準
差的帶狀區間，不過區間是分別以每支線形的最高價最低價
為中心，而不是以20期移動平均為中心。我通常都計算10期
的標準差。請參考圖9-7，標示為1的帶狀，是由每支線形最
低價向下衡量1個標準差而銜接的曲線，標示為2的帶狀，則
是由每支線形最低價向下衡量2個標準差的曲線。同理，標
示為3的帶狀，是由每支線形最高價向上衡量1個標準差的曲
線，標示為4的帶狀，則是由每支線形最高價向上衡量2個標
準差的曲線。標準差帶狀的運用方法如下：假定在線形A的

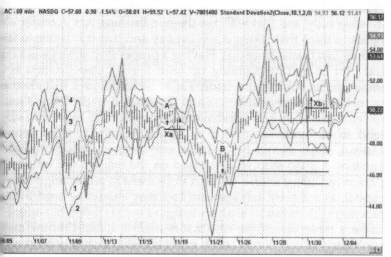

圖9-7　KLAC 60分鐘走勢圖：標準差帶狀區間。

收盤價買進（因為反轉線形之後，價格可能上漲），停損設定在該線形最低價的2個標準差距離（Xa）。結果，幾支線形之後，收盤價跌破前述停損（標示為向下箭頭）。再看另一個例子，我在B點買進，停損同樣設定在最低價的2個標準差之外。由於行情朝我預期的方向發展，帶狀2也持續上升。每當帶狀2停止上升，我就把停損點（停止點）往上調整到帶狀2最近的峰位。如此一來，我的停損點永遠都位在最高底部的2個標準差距離外。多頭部位將繼續持有，直到某支線形收盤價跌破停止點為止。就目前這個例子來說，出場位置在Xb，獲利相當不錯。任何電腦化交易系統，都很容易利用程式執行這類標準差停損策略。第12章還會討論一些交易系統編寫程式的例子。

成為最佳交易者

　　如果你希望成為最佳交易者，就必須知道何時應該不計盈虧的出場。進場之前，就應該擬定出場計畫；否則，準備就不夠周詳。你需要預先設定獲利了結的目標，以及認賠出場的價位。真正的玩家知道如何處理虧損部位，也知道有效部位應該讓獲利持續擴大，但不可變得貪婪。過早獲利了結，相當於沒有充分發揮部位潛能，這會構成長期的成本。交易者必須明白，**認賠是一種可以被接受的行為，而且小賠絕對勝過大賠**。設定適當的停損，這是交易策略的必要部分。停損設定位置的重要性，並不次於進場價位。設定停損點的技巧，也同樣適用於獲利了結。關於停損的設定，絕對不能根據交易者所願意或能夠接受的損失；這類停損只不過

反映交易者的主觀喜惡，與市場客觀條件全然無關。停損應
該設定在重要技術關卡之外，而且要預留足夠的緩衝空間。
適當的停損應該反映市況，而不是個人所願意接受的損失。
停損可以幫助你保障資本，做為一種資金管理工具，然後配
合技術分析技巧來評估：一、你是否願意接受特定交易對象
的潛在風險，二、採用適當停損，你可以進行多少契約口數
（股數）的交易。

　　瞭解適當的停損設定方法，可以讓你避免承擔不必要的
風險，也不會因為停損設定太近而遭到正常行情波動引發。
如果停損設定在行情正常波動範圍內，就很容易遭到不必要
的引發。為了避免這種情況經常發生，停損至少應該設定在
目前價格的1個標準差之外，保持2個標準差的距離或許更妥
當。另一種方法，就是把停損設定在重要技術關卡之外，但
仍必須保留足夠的緩衝空間。這等於是雙重濾網，重要技術
關卡本身代表第一層濾網，一旦價格觸及這層濾網，就必須
保持警戒，隨時準備出場。當價格越過重要技術關卡，並且
穿越停損緩衝區，就必須立即出場。停損有兩種：一種是實
際遞入停損市價單，另一種則是暫時擺在腦海裡。如果你採
用心理停損，當停損遭到引發時，必須有斷然出場的嚴格紀
律。另外，你也可以採用時間停損，換言之，如果部位在一
段時間內沒有發生預期的走勢，就停損出場；這類停損執行
上也需要嚴格紀律，但你最好還是趁早剔除那些不能發揮作
用的部位。總之，我希望重複強調一點，出場的重要性，絕
對不下於進場。

出場與停損的相關錯誤：

1. 沒有預先擬定出場策略。

2. 缺少風險管理計畫。

3. 進行不順利的部位，不知道在何處出場。

4. 讓失敗的部位愈陷愈深。

5. 不瞭解出場的重要性，不下於進場。

6. 根本不瞭解出場的適當時機。

7. 過早獲利了結。

8. 貪婪心態。

9. 根據特定金額設定停損。

10. 每種市場與每種市況都採用相同的停損金額。

11. 設定停損沒有參考走勢圖。

12. 停損設定得太近。

13. 停損設定得太遠。

14. 沒有採用適當的緩衝。

15. 由於設定停損而變得太大意。

16. 當行情朝有利方向發展，沒有適當調整停損。

17. 當行情逼近時，取消原先設定的停損。

18. 沒有堅持心理停損。

19. 忽略停損。

適當的出場策略：

1. 讓獲利持續發展。

2. 迅速認賠。

3. 分批出場。

4. 出場必須要有理由。

5. 當初的進場動機發生變動，就應該考慮出場。

6. 認賠是一種合理行為。

7. 實際進場之前，就知道萬一失算的出場位置。

8. 確定任何部位的損失都絕對不會傷及筋骨。

9. 停損必須根據市況設定。

10. 停損應該設定在重要技術關卡之外。

11. 採用緩衝區。

12. 停損位置必須讓部位有足夠的活動空間。

13. 採用追蹤性停止策略保障既有獲利。

14. 對於任何一筆交易，預先都知道自己能夠承擔多少損失。

15. 對於任何一筆交易，絕對不能讓損失超過你所願意接受的程度。

16. 在幾個不同的停止（停損）價位分批出場。

17. 根據較長期的走勢圖，挑選適當的停損點。

18. 如果不能嚴格遵守紀律，就預先遞入停損單。

19. 利用時間停損單清除不能適時發揮的部位。

20. 不要介入那些你禁不起風險的市場。

21. 停損設定在當時價格的2個標準差之外，通常不會被隨機走勢觸發。

22. 如果出現不利的行情走勢，務必堅持當初設定的停損。

值得提醒自己的一些問題：

1. 我有沒有設定停損？

2. 是否有充分的理由在某特定價位出場？

3.我可以在這筆交易中承擔多少損失？

4.這筆交易的風險_報酬關係是否划算？

5.停損是否設定得太遠或太近？

6.就我所願意承擔的風險程度來說，部位規模是否恰當？

7.我是否有足夠的紀律規範來執行心理停損？

8.我是否會忽略自己設定的停損？

9.停損位置是否太明顯？

寰宇出版網站
www.ipci.com.tw

邀請您加入會員，共襄盛舉！

新增功能

1. 討論園地：分享名家投資心得及最新書評
2. 名師推薦：名師好書推薦
3. 精采電子報回顧：寰宇最新訊息不漏接

資的路上，寰宇出版與您一起「累積投資智慧，創造富足人生」！

寰宇圖書分類

智 慧 投 資

分類號	書名	書號	定價	分類號	書名	書號
1	股市大亨	F013	280	30	歐尼爾投資的24堂課	F268
2	新股市大亨	F014	280	31	探金實戰・李佛摩投機技巧（系列2）	F274
3	金融怪傑（上）	F015	300	32	金融風暴求勝術	F278
4	金融怪傑（下）	F016	300	33	交易・創造自己的聖盃（第二版）	F282
5	新金融怪傑（上）	F022	280	34	索羅斯傳奇	F290
6	新金融怪傑（下）	F023	280	35	華爾街怪傑巴魯克傳	F292
7	金融煉金術	F032	600	36	交易者的101堂心理訓練課	F294
8	智慧型股票投資人	F046	500	37	兩岸股市大探索（上）	F301
9	瘋狂、恐慌與崩盤	F056	450	38	兩岸股市大探索（下）	F302
10	股票作手回憶錄	F062	450	39	專業投機原理 I	F303
11	超級強勢股	F076	420	40	專業投機原理 II	F304
12	非常潛力股	F099	360	41	探金實戰・李佛摩手稿解密（系列3）	F308
13	約翰・奈夫談投資	F144	400	42	證券分析第六增訂版（上冊）	F316
14	與操盤贏家共舞	F174	300	43	證券分析第六增訂版（下冊）	F317
15	掌握股票群眾心理	F184	350	44	探金實戰・李佛摩資金情緒管理（系列4）	F319
16	掌握巴菲特選股絕技	F189	390	45	期俠股義	F321
17	高勝算操盤（上）	F196	320	46	探金實戰・李佛摩18堂課（系列5）	F325
18	高勝算操盤（下）	F197	270	47	交易贏家的21週全紀錄	F330
19	透視避險基金	F209	440	48	量子盤感	F339
20	股票作手回憶錄（完整版）	F222	650	49	探金實戰・作手談股市內幕（系列6）	F345
21	倪德厚夫的投機術（上）	F239	300	50	柏格頭投資指南	F346
22	倪德厚夫的投機術（下）	F240	300	51	股票作手回憶錄-註解版（上冊）	F349
23	交易・創造自己的聖盃	F241	500	52	股票作手回憶錄-註解版（下冊）	F350
24	圖風勢——股票交易心法	F242	300	53	探金實戰・作手從錯中學習	F354
25	從躺椅上操作：交易心理學	F247	550	54	趨勢誡律	F355
26	華爾街傳奇：我的生存之道	F248	280	55	投資悍客	F356
27	金融投資理論史	F252	600	56	王力群談股市心理學	F358
28	華爾街一九〇一	F264	300	57	新世紀金融怪傑（上冊）	F359
29	費雪・布萊克回憶錄	F265	480	58	新世紀金融怪傑（下冊）	F360

共 同 基 金

分類號	書名	書號	定價	分類號	書名	書號
1	柏格談共同基金	F178	420	4	理財贏家16問	F318
2	基金趨勢戰略	F272	300	5	共同基金必勝法則-十年典藏版（上）	F326
3	定期定值投資策略	F279	350	6	共同基金必勝法則-十年典藏版（下）	F327

投 資 策 略

書　名	書號	定價
股市心理戰	F010	200
經濟指標圖解	F025	300
經濟指標精論	F069	420
股市作手傑西·李佛摩操盤術	F080	180
投資幻象	F089	320
史瓦格期貨基本分析（上）	F103	480
史瓦格期貨基本分析（下）	F104	480
操作心經：全球頂尖交易員提供的操作建議	F139	360
攻守四大戰技	F140	360
股票期貨操盤技巧指南	F167	250
金融特殊投資策略	F177	500
回歸基本面	F180	450
華爾街財神	F181	370
股票成交量操作戰術	F182	420
股票長短線致富術	F183	350
交易，簡單最好！	F192	320
股價走勢圖精論	F198	250
價值投資五大關鍵	F200	360
計量技術操盤策略（上）	F201	300
計量技術操盤策略（下）	F202	270
震盪盤操作策略	F205	490
透視避險基金	F209	440

分類號	書　名	書號	定價
23	看準市場脈動投機術	F211	420
24	巨波投資法	F216	480
25	股海奇兵	F219	350
26	混沌操作法 II	F220	450
27	傑西·李佛摩股市操盤術 (完整版)	F235	380
28	股市獲利倍增術 (增訂版)	F236	430
29	資產配置投資策略	F245	450
30	智慧型資產配置	F250	350
31	SRI 社會責任投資	F251	450
32	混沌操作法新解	F270	400
33	在家投資致富術	F289	420
34	看經濟大環境決定投資	F293	380
35	高勝algorithm交易策略	F296	450
36	散戶升級的必修課	F297	400
37	他們如何超越歐尼爾	F329	500
38	交易，趨勢雲	F335	380
39	沒人教你的基本面投資術	F338	420
40	隨波逐流～台灣50平衡比例投資法	F341	380
41	李佛摩操盤術詳解	F344	400
42	用賭場思維交易就對了	F347	460
43	企業評價與選股秘訣	F352	520

程 式 交 易

書　名	書號	定價
高勝算操盤（上）	F196	320
高勝算操盤（下）	F197	270
狙擊手操作法	F199	380
計量技術操盤策略（上）	F201	300
計量技術操盤策略（下）	F202	270
《交易大師》操盤密碼	F208	380
TS程式交易全攻略	F275	430

分類號	書　名	書號	定價
8	PowerLanguage 程式交易語法大全	F298	480
9	交易策略評估與最佳化 (第二版)	F299	500
10	全民貨幣戰爭首部曲	F307	450
11	HSP計量操盤策略	F309	400
12	MultiCharts快易通	F312	280
13	計量交易	F322	380
14	策略大師談程式密碼	F336	450

期　　貨

分類號	書　　名	書號	定價	分類號	書　　名	書號
1	期貨交易策略	F012	260	6	期貨賽局（下）	F232
2	股價指數期貨及選擇權	F050	350	7	雷達導航期股技術（期貨篇）	F267
3	高績效期貨操作	F141	580	8	期指格鬥法	F295
4	征服日經225期貨及選擇權	F230	450	9	分析師關鍵報告（期貨交易篇）	F328
5	期貨賽局（上）	F231	460			

選　　擇　　權

分類號	書　　名	書號	定價	分類號	書　　名	書號
1	股價指數期貨及選擇權	F050	350	6	征服日經225期貨及選擇權	F230
2	技術分析＆選擇權策略	F097	380	7	活用數學‧交易選擇權	F246
3	認購權證操作實務	F102	360	8	選擇權交易總覽（第二版）	F320
4	交易，選擇權	F210	480	9	選擇權安心賺	F340
5	選擇權策略王	F217	330	10	選擇權36計	F357

債　　券　　貨　　幣

分類號	書　　名	書號	定價	分類號	書　　名	書號
1	貨幣市場＆債券市場的運算	F101	520	3	外匯交易精論	F281
2	賺遍全球：貨幣投資全攻略	F260	300	4	外匯套利①	F311

財 務 教 育

號	書　名	書號	定價	分類號	書　名	書號	定價
	點時成金	F237	260	5	貴族‧騙子‧華爾街	F287	250
	蘇黎士投機定律	F280	250	6	就是要好運	F288	350
	投資心理學（漫畫版）	F284	200	7	黑風暗潮	F324	450
	歐尼爾成長型股票投資課（漫畫版）	F285	200	8	財報編製與財報分析	F331	320

財 務 工 程

號	書　名	書號	定價	分類號	書　名	書號	定價
	固定收益商品	F226	850	3	可轉換套利交易策略	F238	520
	信用性衍生性&結構性商品	F234	520	4	我如何成為華爾街計量金融家	F259	500

金 融 證 照

號	書　名	書號	定價	分類號	書　名	書號	定價
	FRM 金融風險管理（第四版）	F269	1500